d 39/744

DES JÉSUITES

Imprimerie de Ducessois, 55, quai des Augustins.

DES
JÉSUITES

PAR

MM. MICHELET ET QUINET

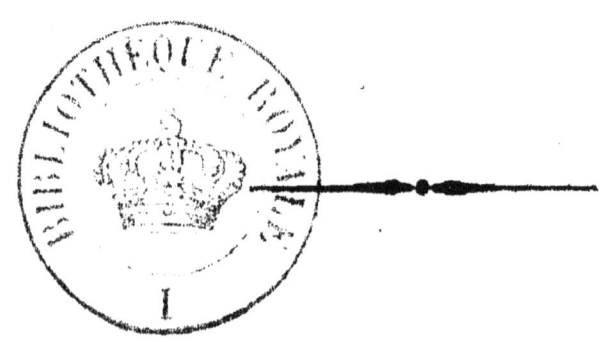

PARIS

HACHETTE, PAULIN,
RUE PIERRE-SARRAZIN, 12. RUE DE SEINE, 33.

1843

La force des choses a conduit les auteurs de ces leçons à traiter le même sujet dans leur enseignement. Cette rencontre, s'étant faite d'abord à l'insu l'un de l'autre, a été l'œuvre de la situation même; plus tard ils se sont accordés pour se distribuer les questions principales que le sujet présentait. De cette libre alliance est sorti le volume que nous publions; il a paru convenable de réunir sous un même titre deux parties d'un même ensemble, qui se complètent l'une par l'autre, et dans lesquelles le public n'a vu qu'un même esprit. Quant aux auteurs, ils attachent trop de prix à cette union de cœur et de pensées pour n'avoir pas désiré en marquer ici le souvenir.

Paris, ce 15 juillet 1843.

LEÇONS
DE M. MICHELET.

Ce que l'avenir nous garde, Dieu le sait!... Seulement je le prie, s'il faut qu'il nous frappe encore, de nous frapper de l'épée...

Les blessures que fait l'épée, sont des blessures nettes et franches, qui saignent, et qui guérissent. Mais que faire aux plaies honteuses, qu'on cache, qui s'envieillissent, et qui vont toujours gagnant?

De ces plaies, la plus à craindre, c'est l'esprit de la police mis dans les choses de Dieu, l'esprit de pieuse intrigue, de sainte délation, l'esprit des jésuites.

Dieu nous donne dix fois la tyrannie politique, militaire, et toutes les tyrannies, plutôt qu'une telle police salisse jamais notre France!... La tyrannie a cela de bon qu'elle réveille souvent le sentiment national, on la brise ou elle se brise. Mais, le sentiment éteint, la gangrène une fois dans vos chairs et dans vos os, comment la chasserez-vous?

La tyrannie se contente de l'homme extérieur, elle

ne contraint que les actes. Cette police atteindrait jusqu'aux pensées.

Les habitudes même de la pensée changeant peu à peu, l'âme, altérée dans ses profondeurs, deviendrait d'autre nature à la longue.

Une âme menteuse et flatteuse, tremblante et méchante, qui se méprise elle-même, est-ce encore une âme?

Changement pire que la mort même... La mort ne tue que le corps; mais l'âme tuée, que reste-t-il?

La mort, en vous tuant, vous laisse vivre en vos fils. Ici, vous perdriez et vos fils, et l'avenir.

Le jésuitisme, l'esprit de police et de délation, les basses habitudes de l'écolier *rapporteur*, une fois transportés du collége et du couvent dans la société entière, quel hideux spectacle!... Tout un peuple vivant comme une maison de jésuites, c'est-à-dire du haut en bas, occupé à se dénoncer. La trahison au foyer même, la femme espion du mari, l'enfant de la mère... Nul bruit, mais un triste murmure, un bruissement de gens qui confessent les péchés d'autrui, qui se travaillent les uns les autres et se rongent tout doucement.

Ceci n'est pas, comme on peut croire, un tableau d'imagination. Je vois d'ici tel peuple que les jésuites enfoncent chaque jour d'un degré dans cet enfer des boues éternelles.

« Mais n'est-ce pas manquer à la France que de craindre pour elle un tel danger ? Pour un millier de jésuites que nous avons aujourd'hui [1]... »

Ces mille hommes ont fait en douze ans une chose prodigieuse... Abattus en 1830, écrasés et aplatis, ils se sont relevés, sans qu'on s'en doutât. Et non seulement relevés ; mais pendant qu'on demandait s'il y avait des jésuites, ils ont enlevé sans difficulté nos trente ou quarante mille prêtres, leur ont fait perdre terre, et les mènent Dieu sait où !

« Est-ce qu'il y a des jésuites ? » Tel fait cette question, dont ils gouvernent déjà la femme par un confesseur à eux, la femme, la maison, la table, le foyer, le lit... Demain, ils auront son enfant [2].

Où donc est le clergé de France ?

Où sont tous ces partis qui en faisaient la vie sous la Restauration ? éteints, morts, anéantis.

[1] Selon une personne qui croit être bien informée, il y en aurait aujourd'hui en France plus de 960 ; au moment de la révolution de juillet, il y en avait 423. A cette époque ils étaient concentrés dans quelques maisons ; aujourd'hui, ils sont disséminés dans tous les diocèses. — Ils se répandent partout en ce moment. Il vient d'en passer trois à Alger, plusieurs en Russie. Ils se font demander au pape par le Mexique et la Nouvelle-Grenade. Maîtres du Valais, ils viennent de s'emparer de Lucerne et des Petits cantons, etc., etc.

[2] Qu'on sache bien une fois, malgré les éternelles répétitions des

Qu'est devenu ce tout petit jansénisme, petit, mais si vigoureux? Je cherche, et je ne vois que la tombe de Lanjuinais.

Où est M. de Montlosier, où sont nos loyaux gallicans, qui voulaient l'harmonie de l'État et de l'Eglise. Disparus. Ils auront délaissé l'État qui les délaissait. Qu'est-ce qui oserait aujourd'hui en France se dire gallican, se réclamer du nom de l'Église de France?...

La timide opposition sulpicienne (peu gallicane pourtant et qui faisait bon marché des Quatre articles), s'est tue avec M. Frayssinous.

Saint-Sulpice s'est renfermé dans l'enseignement des prêtres, dans sa routine de séminaire, laissant le monde aux jésuites. C'est pour la joie de ceux-ci que Saint-Sulpice semble avoir été créé; tant que le prêtre est élevé là, ils n'ont rien à craindre. Que peuvent-ils désirer de mieux qu'une école qui n'enseigne pas et ne veut pas qu'on enseigne [1]? Les jésuites et Saint-Sulpice vi-

---

Jésuites qui se trompent à dessein sur tout cela, que la question de la liberté de l'enseignement et de ce qu'ils appellent le monopole de l'Université, n'a rien à faire ici. On ne trouvera pas un mot là-dessus dans ce volume. J'ai des amis bien chers dans l'Université, mais, depuis 1838, je n'ai plus l'honneur de lui appartenir.

[1] M. l'archevêque de Paris les a invités en vain à envoyer leurs élèves aux cours de la Faculté de théologie.

vent maintenant bien ensemble; le pacte s'est fait tacitement entre la mort et le vide.

Ce qu'on fait dans ces séminaires, si bien fermés contre la loi, on ne le sait guère que par la nullité des résultats. Ce qu'on en connaît aussi, ce sont leurs livres d'enseignement, livres surannés, de rebut, abandonnés partout ailleurs, et qu'on inflige toujours aux malheureux jeunes prêtres[1]. Comment s'étonner s'ils sortent de là aussi étrangers à la science qu'au monde. Ils sentent dès le premier pas qu'ils n'apportent rien de ce qu'il faudrait; les plus judicieux se taisent; qu'il se présente une occasion de paraître, le jésuite arrive, ou l'envoyé des jésuites, il s'empare de la chaire; le prêtre se cache.

Et ce n'est pourtant pas le talent qui manque, ni le cœur... Mais que voulez-vous? tout est aujourd'hui contre eux.

---

[1] Au grand péril de leur moralité; j'admire tout ce que ces jeunes prêtres, élevés dans cette casuistique, conservent encore d'honnêteté. — « Mais ne voyez-vous pas, dit un évêque, que ce sont des livres de médecine. » ...Il y a telle médecine qui est infâme, celle qui, sous prétexte d'une maladie, aujourd'hui oubliée (ou même imaginaire et physiquement impossible), salit le malade et le médecin... L'assurance cynique qu'on met à défendre tout cela, doit faire sentir combien la loi devrait surveiller ces grandes maisons fermées, où personne ne sait ce qui se passe... Certains couvents se sont transformés en maisons de correction.

Ils ne le sentent que trop, et ce sentiment contribue encore à les mettre au dessous d'eux-mêmes... Mal voulu du monde, maltraité des siens, le prêtre de paroisse (regardez-le marcher dans la rue) chemine tristement, l'air souvent timide et plus que modeste, prenant volontiers le bas du pavé!

Mais, voulez-vous voir un homme? Regardez passer le jésuite. Que dis-je un homme? Plusieurs en un seul. La voix est douce, mais le pas est ferme. Sa démarche dit, sans qu'il parle : « Je m'appelle *légion*... » Le courage est chose facile à celui qui sent avec soi une armée pour le soutenir, qui se voit défendu, poussé, et par ce grand corps des jésuites, et par tout un monde de gens titrés, de belles dames, qui au besoin remueront le monde pour lui.

Il a fait vœu d'obéissance... pour régner, pour être pape avec le pape, pour avoir sa part du grand royaume des jésuites, répandu dans tous les royaumes. Il en suit l'intérêt par correspondance intime, de Belgique en Italie, et de Bavière en Savoie. Le jésuite vit en Europe, hier à Fribourg, demain à Paris; le prêtre vit dans une paroisse, dans la petite rue humide qui longe le mur de l'église; il ne ressemble que trop à la triste giroflée maladive qu'il élève sur sa fenêtre.

Voyons ces deux hommes à l'œuvre... Et d'abord

examinons de quel côté tournera cette personne rêveuse, qui arrive sur la grande place, et qui semble hésiter encore... A gauche, c'est la paroisse; à droite, la maison des Jésuites.

D'un côté, que trouverait-elle? un homme honnête, homme de cœur peut-être, sous cette forme raide et gauche, qui travaille toute sa vie à étouffer ses passions, c'est-à-dire à ignorer de plus en plus les choses sur lesquelles on viendrait le consulter... Le jésuite, au contraire, sait d'avance ce dont il s'agit, il devine les précédents, trouve sans difficulté la circonstance atténuante, il arrange la chose du côté de Dieu, par fois du côté du monde.

Le prêtre porte la Loi et le décalogue, comme un poids de plomb; il est lent, plein d'objections, de difficultés! Vous lui parlez de vos scrupules, et il lui en vient encore plus; votre affaire vous semble mauvaise, il la trouve très-mauvaise. Vous voilà bien avancé... C'est votre faute. Que n'allez-vous plutôt dans cette chapelle italienne? chapelle parée, coquette; quand même elle serait un peu sombre, n'ayez pas peur, entrez, vous serez rassuré bien vite, et bien soulagé... Votre cas est peu de chose; il y a là un homme d'esprit pour vous le prouver. Que parlait-on de la Loi? La Loi peut régner là-bas, mais ici règne

la grâce, ici le Sacré Cœur de Jésus et de Marie...
La bonne Vierge est si bonne [1] !

Il y a d'ailleurs une grande différence entre les deux hommes. Le prêtre est lié de bien des manières, par son église, par l'autorité locale ; il est *en puissance* et comme mineur. Le prêtre a peur du curé, et le curé de l'évêque. Le jésuite n'a peur de rien. Son ordre ne lui demande que l'avancement de l'ordre. L'évêque n'a rien à lui dire. Et quel serait aujourd'hui l'évêque assez audacieux pour douter que le jésuite ne soit lui-même la règle et la loi ?

L'évêque ne nuit pas, et il sert beaucoup. C'est par lui qu'on tient les prêtres ; il a le bâton sur eux, lequel manié par un jeune vicaire général qui veut devenir évêque, sera la verge de fer..

« Donc, prêtre, prends bien garde. Malheur à toi, si tu bouges.. Prêche peu, n'écris jamais ; si tu écrivais une ligne !... Sans autre forme, on peut te suspendre, t'interdire ; nulle explication ; si tu avais l'imprudence d'en demander, nous dirions : « Affaire de

---

[1] Le jésuite n'est pas seulement confesseur, il est *directeur*, et comme tel, consulté sur tout ; comme tel, il ne se croit nullement engagé au secret, en sorte que vingt directeurs qui vivent ensemble peuvent mettre en commun, examiner et *combiner* les milliers d'âmes qui leur sont ouvertes, et qu'ils voient *de part en part*... Mariages, testaments, tous les actes de leurs pénitents et pénitentes, peuvent être discutés, préparés dans ces conciliabules!

mœurs... » C'est la même chose pour un prêtre que d'être noyé, une pierre au cou !

On dit qu'il n'y a plus de serfs en France.. Il y en a quarante mille... Je leur conseille de se taire, de ravaler leurs larmes et de tâcher de sourire.

Beaucoup accepteraient le silence, et de végéter dans un coin... Mais on ne les tient pas quitte. Il faut qu'ils parlent, et qu'ils mordent, et qu'en chaire ils damnent Bossuet.

On en a vus de forcés de répéter tel sermon contre un auteur vivant qu'ils n'avaient pas lu... Ils étaient jetés, lancés, malheureux chiens de combat, aux jambes du passant étonné, qui leur demandait pourquoi...

O situation misérable ! anti-chrétienne, anti-humaine !.. Ceux qui la leur font, en rient.. Mais leurs loyaux adversaires, ceux qu'ils attaquent, et qu'ils croient leurs ennemis, en pleureront !

———

Prenez un homme dans la rue, le premier qui passe, et demandez-lui : « Qu'est-ce que les Jésuites ? » Il répondra sans hésiter : « *La contre-révolution.* »

Telle est la ferme foi du peuple; elle n'a jamais varié, et vous n'y changerez rien.

Si ce mot, prononcé au Collége de France, a surpris quelques personnes, il faut qu'à force d'esprit, nous ayons perdu le sens.

Grands esprits, qui rougiriez d'écouter la voix populaire, adressez-vous à la science, étudiez, et je le prédis, au bout de dix ans passés sur l'histoire et les livres des Jésuites, vous n'y trouverez qu'un sens : *La mort de la liberté*.

Le jour où l'on a dit ce mot, la Presse entière (chose nouvelle), s'est trouvée d'accord[1]. Partout où la Presse atteint, et plus bas encore dans les masses, il a retenti.

Ils n'ont imaginé que cette étrange réponse : « Nous n'existons pas... » On s'en vantait en avril ; en juin, l'on s'en cache.

Que sert de nier ? ne voyez-vous pas que personne ne se paiera de paroles. Criez *liberté!* à votre aise, dites-vous de tel ou tel parti. Cela ne nous importe guère... Si vous avez le cœur jésuite, passez là, c'est le côté de Fribourg ; si vous êtes loyal et net, venez ici, c'est la France !

---

[1] On peut parler ainsi, lorsqu'une cause, embrassée par le *Siècle*, le *Constitutionnel*, et le *Courrier*, est défendue d'une part par les *Débats* et la *Revue des Deux-Mondes*, de l'autre par le *National* ; la *Gazette* même s'est déclarée contre les Jésuites dans la question du probabilisme.

Dans l'affaiblissement des partis, dans le rapprochement plus ou moins désintéressé de beaucoup d'hommes d'opinion diverse, il semble que tout à l'heure il n'y ait plus que deux partis, comme il n'y a que deux esprits : *L'esprit de vie et l'esprit de mort.*

Situation bien autrement grande et dangereuse que celle des dernières années, quoique les secousses immédiates y soient moins à craindre. Que serait-ce, si l'esprit de mort, ayant dominé la religion, allait gagnant la société dans la politique, la littérature et l'art, dans tout ce qu'elle a de vivant?

Le progrès des hommes de mort s'arrêtera, espérons-le... Le jour a lui dans le sépulcre.... On sait, on va mieux savoir encore comment ces revenants ont cheminé dans la nuit...

Comment, pendant que nous dormions, ils avaient, à pas de loups, surpris les gens sans défense, les prêtres et les femmes, les maisons religieuses.

Il est à peine concevable combien de bonnes gens, de simples esprits, humbles frères, charitables sœurs, ont été ainsi abusés... Combien de couvents leur ont entr'ouvert la porte, trompés à cette voix doucereuse ; et maintenant ils y parlent ferme, et l'on a peur, et l'on sourit en tremblant, et l'on fait tout ce qu'ils disent.

Qu'on nous trouve une *œuvre* riche où ils n'aient aujourd'hui la principale influence, où ils ne fassent donner comme ils veulent, à qui ils veulent. Il a bien fallu dès lors que toute corporation pauvre (missionnaires, picpus, lazaristes, bénédictins même), allât prendre chez eux le mot d'ordre. Et maintenant tout cela est comme une grande armée que les jésuites mènent bravement à la conquête du siècle.

Chose étonnante, qu'en si peu de temps on ait réuni de telles forces! Quelque haute opinion qu'on aie de l'habileté des jésuites, elle ne suffirait pas à expliquer un tel résultat. Il y a là une main mystérieuse... Celle qui, bien dirigée, dès le premier jour du monde, a docilement opéré les miracles de la ruse. Faible main, à laquelle rien ne résiste, la main de la femme. Les jésuites ont employé l'instrument, dont parle saint Jérôme : « De pauvres petites femmes, toutes couvertes de péchés ! »

On montre une pomme à un enfant pour le faire venir à soi. Eh! bien, on a montré aux femmes de gentilles petites dévotions féminines, de saints joujoux, *inventés* hier; on leur a arrangé un petit monde idolâtre... Quels signes de croix ferait saint Louis, s'il revenait et voyait?... Il ne resterait pas deux jours. Il aimerait mieux retourner en captivité chez les Sarasins.

Ces nouvelles modes étaient nécessaires pour gagner les femmes. Qui veut les prendre, il faut qu'il compâtisse aux petites faiblesses, au petit manége, souvent aussi au goût du faux. Ce qui a fait près de quelques-unes la fortune de ceux-ci, dans le commencement surtout, c'est justement ce mensonge obligé et ce mystère; faux nom, demeure peu connue, visites en cachette, la nécessité piquante de mentir en revenant...

Telle qui a beaucoup senti, et qui à la longue trouve le monde uniforme et fade, cherche volontiers dans le mélange des idées contraires, je ne sais quelle âcre saveur... J'ai vu à Venise un tableau, où, sur un riche tapis sombre, une belle rose se fanait près d'un crâne, et dans le crâne errait à plaisir une gracieuse vipère.

Ceci, c'est l'exception. Le moyen simple et naturel qui a généralement réussi, c'est de prendre les oiseaux sauvages au moyen des oiseaux privés. Je parle des jésuitesses[1], fines et douces, adroites et charmantes, qui, marchant toujours devant les jésuites, ont mis

---

[1] Les dames du Sacré-Cœur sont, non seulement dirigées et gouvernées par les Jésuites, mais elles ont, depuis 1823, les mêmes constitutions. Les intérêts pécuniaires de ces deux branches de l'ordre doivent être communs jusqu'à un certain point, puisque les jésuites de retour après la révolution de juillet, ont été aidés par la caisse du Sacré-Cœur. — On a révoqué expressément la défense faite aux Jésuites par Loyola de diriger des maisons de femmes.

partout l'huile et le miel, adouci la voie... Elles ont ravi les femmes en se faisant sœurs, amies, ce qu'on voulait, mères surtout, touchant le point sensible, le pauvre cœur maternel...

De bonne amitié, elles consentaient à prendre la jeune fille ; et la mère, qui autrement ne s'en fût séparée jamais, la remettait de grand cœur dans ces douces mains... Elle s'en trouvait bien plus libre ; car, enfin l'aimable jeune témoin ne laissait pas d'embarrasser, surtout si, devenant moins jeune, on voyait fleurir près de soi la chère, l'adorée, mais trop éblouissante fleur.

Tout cela s'est fait très-bien, très-vite, avec un secret, une discrétion admirables. Les jésuites ne sont pas loin d'avoir ainsi, dans les maisons de leurs dames, les filles de toutes les familles influentes du pays. Résultat immense... Seulement, il fallait savoir attendre. Ces petites filles, en peu d'années, seront des femmes, des mères... Qui a les femmes est sûr d'avoir les hommes à la longue.

Une génération suffisait. Ces mères auraient donné leurs fils. Les jésuites n'ont pas eu de patience. Quelques succès de chaire ou de salons les ont étourdis. Ils ont quitté ces prudentes allures qui avaient fait leurs succès. Les mineurs habiles qui allaient si bien sous le sol, se sont mis à vouloir travailler à ciel ouvert. La taupe a quitté son trou, pour marcher en plein soleil.

Il est si difficile de s'isoler de son temps, que ceux qui avaient le plus à craindre le bruit, se sont mis eux-mêmes à crier...

Ah! vous étiez là... Merci, grand merci de nous avoir éveillés!... Mais que voulez-vous?

« Nous avons les filles; nous voulons les fils; au nom de la liberté, livrez vos enfants... »

La liberté! Ils l'aimaient tellement que, dans leur ardeur pour elle, ils voulaient commencer par l'étouffer dans le haut enseignement... Heureux présage de ce qu'ils feront dans l'enseignement secondaire!... Dès les premiers mois de l'année 1842, ils envoyaient leurs jeunes saints au Collége de France, pour troubler les cours.

Nous endurâmes patiemment ces attaques. Mais ce que nous supportions avec plus de peine, c'étaient les tentatives hardies qu'on faisait sous nos yeux pour corrompre les écoles.

De ce côté, il n'y avait plus ni précaution, ni mystère, on travaillait en plein soleil, on embauchait sur la place. La concurrence excessive et l'inquiétude qu'elle entraîne[1], y donnaient beau jeu... Telle et telle fortune

---

[1] La lassitude des âmes, après tant de désappointements politiques, eût amené un retour sérieux aux idées religieuses, si les

subite parlait assez haut, miracles de la nouvelle Église bien puissants pour toucher les cœurs... Certains, jusque-là des plus fermes, commençaient à réfléchir, à comprendre le ridicule de la pauvreté, et ils marchaient tête basse...

Une fois ébranlé, il n'y avait pas à respirer ; l'affaire était menée vivement, chaque jour avec plus d'audace. Les degrés successifs qu'on observait naguère étaient peu à peu négligés. Le stage néo-catholique allait s'abrégeant. Les jésuites ne voulaient plus qu'un jour pour une conversion complète. On ne traînait plus les adeptes sur les anciens préliminaires [1]. On montrait hardiment le but... Cette précipitation qu'on peut trouver imprudente, s'explique assez bien pourtant. Ces jeunes gens ne sont pas si jeunes qu'on puisse risquer d'attendre ; ils ont un pied dans la vie, ils vont agir ou agissent ; point de temps à perdre, le résultat est prochain. Gagnés aujourd'hui, ils livreraient demain la société tout entière, comme médecins le secret des familles, comme notaires celui des fortunes, comme parquet l'impunité.

Peu ont succombé... Les écoles ont résisté ; le bon

spéculateurs en religion ne se fussent empressés d'exploiter cette situation.

[1] Art chrétien, démagogie catholique, etc.

sens et la loyauté nationale les ont préservées. Nous les en félicitons... Jeunes gens, puissiez-vous rester semblables à vous-mêmes, et repousser toujours la corruption, comme vous l'avez fait ici, quand l'intrigue religieuse l'appelait pour auxiliaire, et venait vous trouver jusque sur les bancs, avec le séduisant cortége des tentations mondaines.

Nul danger plus grand... Celui qui court en aveugle après le monde et ses joies, par entraînement de jeunesse, reviendra par lassitude... Mais celui qui de sang-froid, pour mieux surprendre le monde, a pu spéculer sur Dieu, qui a calculé combien Dieu rapporte, celui-là est mort de la mort dont on ne ressuscite pas.

———

Il n'y avait pas d'homme d'honneur qui ne vît avec tristesse de telles capitulations, et l'espérance du pays ainsi compromise. Combien plus ceux qui vivent au milieu des jeunes gens, leurs maîtres, qui sont leurs pères aussi !

Et entre leurs maîtres, celui qui devait y être le plus sensible, dois-je le dire? c'était moi.

Pourquoi? parce que, dans mon enseignement,

j'avais mis ce que nul homme vivant n'y mit au même degré.—Il ne s'agit pas de talent, d'éloquence, en présence de tel de mes amis que tout le monde nomme ici.
— Il ne s'agit pas de science, à côté de cette divination scientifique, à laquelle l'Orient vient redemander ses langues oubliées.

Il s'agit d'une chose, imprudente peut-être, mais dont je ne puis me repentir, de ma confiance illimitée dans cette jeunesse, de ma foi dans l'ami inconnu... C'est justement cette imprudence qui a fait la force et la vie de mon enseignement, c'est ce qui le rend plus fécond pour l'avenir que tel autre, qui fut supérieur.

Arrivé tard dans cette chaire, et déjà connu, je n'en ai pas moins étudié, par-devant la foule. D'autres enseignaient leurs brillants résultats, moi mon étude elle-même, ma méthode et mes moyens. Je marchais sous les yeux de tous, ils pouvaient me suivre, voyant et mon but, et l'humble chemin par lequel j'avais marché.

Nous cherchions ensemble; je les associais sans réserve, à ma grande affaire; nous y mettions l'intérêt passionné qu'on met dans les choses vraiment personnelles... Nulle gloriole, rien pour la vaine exhibition. L'affaire était trop sérieuse. Nous cherchions *pour la vie*, autant que pour la science, *pour le remède de l'âme*, comme dit le moyen âge. Nous le demandions, ce remède, à la philosophie et à l'histoire, à la voix du cœur, à la voix du monde.

La forme, parfois poétique, pouvait arrêter les faibles ; mais les forts retrouvaient sans peine la critique sous la poésie, — non la critique qui détruit, mais bien celle qui produit[1], cette critique vivante qui demande à toute chose le secret de sa naissance, son idée créatrice, sa cause et sa raison d'être, laquelle étant retrouvée, la science peut tout refaire encore... C'est le haut caractère de la vraie science, d'être art et création, de renouveler toujours, de ne point croire à la mort, de n'abandonner jamais ce qui vécut une fois, mais de le reconstituer et le replacer dans la vie qui ne passe plus.

Que faut-il pour cela? Aimer surtout, mettre dans sa science sa vie et son cœur.

J'aimais l'objet de ma science, le passé que je refaisais ;—et le présent aussi, ce compagnon de mon étude, cette foule qui dès longtemps habituée à ma parole, comprenait ou devinait, qui souvent m'éclairait de son impression rapide.

---

[1] Je n'ai pas besoin de dire qu'il s'agit de la tendance et de la méthode, plus que des résultats obtenus.

Je n'ai voulu nulle autre société, pendant longues années, que cet auditoire sympathique, et ce qui surprendra peut-être, c'est que je m'y réfugiai dans les moments les plus graves où tout homme cherche un ami; c'est là que j'allai m'asseoir dans mes plus funèbres jours.

Grande et rare confiance! mais qui n'était pas un instinct aveugle. Elle était fondée en raison. J'avais droit de croire qu'il n'y avait pas un seul homme de sens parmi ceux qui m'écoutaient, qui me fût hostile. Ami du passé, ami du présent, je sentais en moi les deux principes, nullement opposés, qui se partagent le monde; je les vivifiais l'un par l'autre. Né de la Révolution, de la liberté, qui est ma foi, je n'en ai pas moins eu un cœur immense pour le moyen âge, une infinie tendresse; les choses les plus filiales qu'on ait dites sur notre vieille mère l'Eglise, c'est moi peut-être qui les ai dites.... Qu'on les compare à la sécheresse de ses brillants défenseurs...... Où puisais-je ces eaux vives? Aux sources communes où puisa le moyen-âge, où la vie moderne s'abreuve, aux sources du libre esprit.

Un mot résume ma pensée sur le rapport des deux principes : « L'histoire (c'est ma définition de 1830, et j'y tiens), est la victoire progressive de la liberté.

Ce progrès doit se faire, non par destruction, mais par interprétation. L'interprétation suppose la *tradition* qu'on interprète, et la *liberté* qui interprète... Que d'autres choisissent entre elles; moi, il me les faut toutes deux; je veux l'une et je veux l'autre... Comment ne me seraient-elles pas chères? La tradition, c'est ma mère, et la liberté, c'est moi! » [Leçon du 28 avril 1842.]

Nul enseignement n'a été plus animé du libre esprit chrétien qui fit la vie du moyen âge. Tout préoccupé des causes, et ne les cherchant que dans l'âme (l'âme divine et humaine), il fut au plus haut degré spiritualiste, et l'enseignement de l'esprit.

De là, les ailes qui le soulevèrent, et le firent passer par-dessus maint écueil, où d'autres plus forts ont heurté.

Un seul exemple, l'art gothique.

Le premier qui le remarqua, lequel n'était pas chrétien, et n'y vit rien de chrétien, le grand naturaliste, Goethe, admira dans ces répétitions infinies des mêmes formes, une morte imitation de la nature, « une cristallisation colossale. »

Un des nôtres, un puissant poète, doué d'un sentiment moins noble, mais plus ardent de la vie, sentit ces pierres comme vivantes; seulement, il se prit surtout au grotesque et au bizarre, c'est-à-dire que dans la maison de Dieu, c'est le Diable qu'il vit d'abord.

L'un et l'autre regarda le dehors plus que le dedans, tel résultat plus que la cause.

Moi, je partis de la cause, je m'en emparai, et la fécondant, j'en suivis l'effet. Je ne fis pas de l'église ma contemplation, mais mon œuvre; je ne la pris pas comme faite, mais je la refis... De quoi ? de l'élément même qui la fit la première fois, du cœur et du sang de l'homme, des libres mouvements de l'âme qui ont remué ces pierres, et sous ces masses où l'autorité pèse impérieusement sur nous, je montrai quelque chose de plus ancien, de plus vivant, qui créa l'autorité même, je veux dire la liberté.

Ce dernier mot est le grand, le vrai titre du moyen âge; et lui retrouver ce titre, c'était lui faire sa paix avec l'âge moderne, qu'on le sache bien.

J'ai suivi la même recherche, porté la même préoccupation des causes morales, du libre génie humain, dans la littérature, dans le droit, dans toutes les formes de l'activité. Plus je creusais par l'étude, par l'érudition, par les chroniques et les chartes, plus je voyais au fond des choses, pour premier principe organique, le sentiment et l'idée, le cœur de l'homme, mon cœur.

Cette tendance spiritualiste était si invincible en moi que j'y suis resté fidèle dans l'histoire des époques matérielles, qui matérialisaient bon nombre de nos contemporains ; je parle des époques troubles et sensuelles qui finissent le moyen âge, et commencent les temps modernes.

Au quatorzième siècle, qu'ai-je analysé, développé, mis en lumière, aux dépens de tout le reste? La grande question religieuse, celle du Temple.

Au quinzième, sous Charles VI, la grande question morale : « Comment, d'ignorance en erreur, d'idées fausses en passions mauvaises, d'ivresse en frénésie, l'homme perd-il sa nature d'homme? (t. IV)... » Puis, ayant perdu la France par un fol, je la sauvai par la folie héroïque et sainte de la Pucelle d'Orléans [1].

Le sentiment de la vie morale, qui seul révèle les causes, éclaira, dans mes livres et dans mes cours, les temps de la Renaissance. Le vertige de ces temps ne me gagna pas, leur fantasmagorie ne m'éblouit point, l'orageuse et brillante fée ne put me changer, comme elle en a changé tant d'autres ; elle fit en vain passer devant mes yeux son iris aux cent couleurs... D'autres

---

[1] Quand je raconte Charles VI, ils me croient matérialiste, quand je raconte la Pucelle, ils me croient spiritualiste ; pauvres critiques, qui jugent sur la nature du sujet, et non sur la méthode, qui a toujours été la même.

voyaient tout cela comme costumes et blasons, drapeaux, armes curieuses, coffres, armoires, faïences, que sais-je?... Et moi, je ne vis que l'âme.

Je laissai ainsi de côté et les pittoresques avec leurs vaines exhibitions de figures de cire qu'ils ne peuvent mettre en mouvement, — et les turbulents dramaturges qui, prenant des membres quelconques, l'un d'ici, l'autre de là, mêlaient et galvanisaient tout, au grand effroi des passants... Tout cela est extérieur, c'est la mort ou la fausse vie.

Qu'est-ce que la vraie vie historique, et comment l'homme sincère, qui compare le monde et son cœur, la retrouve et peut la refaire... Telle fut la haute et difficile question que je posai dans mes derniers cours[1]. Les efforts successifs de tous ceux qui vont venir, l'avanceront peu à peu.

Pour moi, le fruit de mon travail, le prix d'une vie laborieuse, serait d'avoir mis en pleine lumière la vraie nature du problème, et par là peut-être préparé les solutions. Qui ne sent quelle serait l'immensité des résultats spéculatifs, la gravité des résultats pratiques pour la politique et l'éducation?

Je n'eus jamais un sentiment plus religieux de ma mission que dans ce cours de deux années; jamais je

---

[1] Et que je vais mieux poser dans un livre spécial.

ne compris mieux le sacerdoce, le pontificat de l'histoire ; je portais tout ce passé, comme j'aurais porté les cendres de mon père ou de mon fils.

C'est dans ce religieux travail que l'outrage m'est venu chercher[1]...

Cela eut lieu, il y a un an, le 7 avril 1842, après une leçon fort grave, où j'établissais contre les sophistes, l'unité morale du genre humain.

Le mot d'ordre était donné pour troubler les cours. Mais l'indignation du public effraya ces braves ; peu organisés encore, ils crurent devoir attendre l'effet tout puissant du libelle que le jésuite D. écrivait sur les notes de ses confrères, et que M. Desgarets, chanoine de Lyon, a signé, en avouant qu'il n'en était pas l'auteur.

Je n'aime guère la dispute. Je retombai toute une année dans mes préoccupations, dans mon travail solitaire, dans mon rêve du vieux temps... Ceux-ci, qui ne dormaient pas, se sont enhardis, ils ont cru qu'on pouvait impunément venir par derrière frapper le rêveur.

Il se trouvait cependant que, par le progrès de mon travail et le plan même de mon cours, je venais à eux.

---

[1] Nul autre professeur n'avait été encore troublé dans son enseignement. Les troubles de la Sorbonne n'ont eu lieu qu'un mois ou deux après, dans la même année, 1842.

Occupé jusqu'ici d'expliquer et d'analyser la vie, je devais naturellement mettre en face la fausse vie, qui la contrefait; je devais placer en regard de l'organisme vivant, le machinisme stérile.

Mais quand même je pourrais expliquer la vie, sans montrer la mort, j'aurais regardé comme un devoir du professeur de morale, de ne point décliner la question qui venait s'imposer à lui.

Nos prédicateurs dans les derniers temps, ont tout remué, questions sociales, politiques, historiques, littéraires, médicales; l'un parlait sur l'anatomie, un autre sur Waterloo. Puis, le courage venant, ils se sont mis à prêcher, comme au temps de la Ligue, contre telle et telle personne. On a trouvé cela très-bon.

Des personnes, qui s'en souciait?... Et quant aux questions sociales, on aura jugé sans doute que dans ce temps de sommeil, il n'y avait pas grand danger à les discuter en chaire.

Certes, ce n'est pas nous qui contredirons à cela, nous acceptons ce partage. L'Église s'occupe du monde, elle nous enseigne nos affaires, à la bonne heure! Nous lui enseignerons Dieu!

Que Dieu rentre dans la science. Comment a-t-elle pu s'en passer si longtemps... Revenez chez nous, Seigneur, tout indignes que nous sommes. ... Ah! que vous serez bien reçu!

Est--ce que vous n'étiez pas notre légitime héritage? Et tant que la science était éloignée de vous, était-elle donc une science? ... Elle vous a reconquis dans cette heureuse occasion, et elle a retrouvé en même temps son accord naturel avec le bon sens du peuple dont elle n'eût pas dû s'écarter.

26 juin 1843.

Je donne ici les notes qui me restent de mon cours. Je les donne, à peu près, telles qu'elles furent écrites, le jour même de chaque leçon. — Je ne pouvais écrire plus tôt; d'une leçon à l'autre, la situation changeait, la question avançait, par la presse ou autrement, jusqu'au dernier jour.

On aura quelque indulgence pour un enseignement poursuivi malgré l'orage, et qui modifié dans la forme, selon les phases de la polémique, n'en marcha pas moins d'un pas ferme vers le but indiqué d'abord.

Je supprime dans ces notes plusieurs choses qui se rapportaient à mes leçons antérieures, et qu'on ne pourrait comprendre, sans avoir suivi mon cours.

J'écarte encore tel et tel point qui ne dut être qu'indiqué dans un cours dont l'objet était général, et qu'un autre cours, spécialement consacré à la littérature des jésuites, mettait en pleine lumière.

Iʳᵉ LEÇON.

MACHINISME MODERNE. *Du machinisme moral.*
[27 avril 1843.]

Dans cette première leçon (de la seconde partie de mon cours), je posai d'abord un fait grave ; c'est que depuis 1834, au milieu d'un immense accroissement de production matérielle, la production intellectuelle a considérablement diminué d'importance.

Ce fait, moins remarqué ici, l'est parfaitement de nos contrefacteurs étrangers qui se plaignent de n'avoir presque rien à contrefaire.

De 1824 à 1834, la France les a richement alimentés. Elle a produit dans cette période les monuments littéraires qui font sa gloire devant l'Europe ; et non-seulement des monuments isolés, mais de grands ensembles d'ouvrages, des cycles d'histoires, de drames, de romans, etc.

Dans les dix années suivantes, on a imprimé tout autant et davantage, mais peu d'ouvrages importants. Les livres même de quelque étendue ont paru d'abord découpés, en articles, en feuilletons; feuilletons ingénieux, découpures brillantes, mais peu de pensées d'ensemble, peu de grandes compositions.

Ce qui a le plus occupé la presse, ce sont les réimpressions, les publications de manuscrits, de documents historiques, les livres pittoresques à bon marché, sorte de daguerréotypes qui reproduisent en pâles images tout ce qu'on met devant eux.

La rapidité singulière avec laquelle tout cela passe sous nos yeux, se remplaçant, s'effaçant, laissant à peine une trace, ne permet pas de remarquer que dans ces mille objets mobiles, la forme varie très-peu.

Un observateur attentif, et curieux de comparer ses souvenirs, verrait ces prétendues nouveautés revenir périodiquement; il les ramènerait sans peine à un petit nombre de types, de formules, que l'on emploie tour à tour. Nos rapides improvisateurs sont obligés, le temps manquant, de recourir à ces formules; c'est comme une grande mécanique, dont ils jouent d'une main légère.

Le génie mécanique qui a simplifié, agrandi la vie moderne, dans l'ordre matériel, ne s'applique guère aux choses de l'esprit, sans l'affaiblir et l'énerver. De toutes parts je vois des machines intellectuelles qui viennent à notre secours[1], pour nous dispenser d'étudier et de réfléchir, des Dictionnaires qui permettent d'apprendre chaque chose isolée, hors des rapports qui l'éclairent, des Encyclopédies où toute science, scindée en menues parcelles, gît comme une poussière stérile, des Abrégés qui vous résument ce que vous n'avez point appris, vous font croire que vous savez, et ferment la porte à la science.

Vieilles méthodes, et fort inférieures à l'idée de Raimond Lulle. A la fin du moyen âge, il trouva les Scolastiques, qui, sur un thème tout fait, s'épuisaient en déductions. Si le thème est fait, dit-il, si la philosophie est faite, la religion, la science, il suffit de bien ordonner; des principes aux conséquences, les déductions se tireront d'elles-mêmes. Ma science sera comme un arbre; on suivra des racines aux branches, des branches aux feuilles, allant du général à l'espèce, à l'individu, et de là, en sens inverse, on retournera aux profondes racines des principes généraux. »... Il le fit, comme il le disait; avec cet arbre si commode, on ne cherchait plus, tout était devenu facile... Seulement,

---

[1] Objection contre ces genres d'ouvrages, et non contre tel ouvrage où les auteurs ont montré un esprit original et profond

l'arbre fut un *arbre sec*, qui n'eut jamais ni fruit, ni fleur.

Au seizième siècle, autre tentative de machinisme, et plus hardie. On se battait pour la religion ; un vaillant homme, Ignace de Loyola, comprit la religion elle-même comme machine de guerre, la morale, comme mécanique. Ses fameux *Exercices* sont un manuel de tactique religieuse, où la milice monastique se dresse à certains mouvements ; il y donna des procédés matériels pour produire ces élans du cœur, qu'on avait toujours laissés à la libre inspiration ; ici, l'on prie, là, on rêve, puis l'on pleure, etc.

Admirable mécanique, où l'homme n'est plus qu'un ressort qu'on fait jouer à volonté. Seulement, ne demandez rien que ce qu'une machine peut produire ; une machine donne de l'action, mais nulle production vivante, à la grande différence de l'organisme animé, qui non-seulement agit, mais produit des organismes animés tout comme lui. La mécanique des Jésuites a été active et puissante ; mais elle n'a rien fait de vivant ; il lui a manqué constamment ce qui, pour toute société, est le plus haut signe de vie, il lui a manqué le grand homme... Pas un homme en trois cents ans !

Quelle est la nature du jésuite ? Aucune ; il est propre

à tout : une machine, un simple instrument d'action, n'a pas de nature personnelle.

La machine a sa loi, la fatalité, comme la liberté est la loi de l'âme. Comment donc les Jésuites parlent-ils de la liberté? En quoi les regarde-t-elle?

Remarquez le double langage qu'ils nous tiennent aujourd'hui. Ils sont le matin pour la liberté, le soir pour l'autorité.

Dans leurs journaux qu'ils donnent et sèment dans le peuple, ils ne parlent que de liberté, et ils voudraient persuader que la liberté politique est possible sous la tyrannie religieuse... Cela est dur à croire, difficile à faire croire à des gens qui, pour les chasser, ont chassé hier une dynastie (*Mouvements en sens divers*), et qui en chasseraient dix, s'il le fallait encore.

Dans les salons, avec les grandes dames qu'ils dirigent, ce n'est plus cela ; ils redeviennent tout à coup les amis du passé, les vrais fils du moyen âge.

Et moi aussi, leur dirai-je, je suis un peu du moyen âge, j'y ai vécu longues années, et je reconnais bien les quatre mots d'art chrétien que les nôtres viennent de vous apprendre... Mais permettez encore que je vous regarde au visage ; si vous êtes vraiment les fils de ce temps-là, apparemment vous lui ressemblez.

Ce temps était fécond, et tout en se croyant, dans

son humilité, inactif et impuissant, il créait toujours. Il a bâti, comme en rêve, je ne sais combien de poëmes, de légendes, d'églises, de systèmes... D'où vient donc, si vous en êtes, que vous ne produisez rien?

Ce moyen âge, que vous nous montrez volontiers dans une immobilité idiote, ne fut que mouvement et transformation féconde, pendant quinze cents ans. [*Je supprime ici un long développement.*] La libre végétation qui lui fut particulière, n'a rien de commun avec l'action sèche et dure des mécaniques[1]. S'il n'avait eu d'autre action, il n'eût rien produit de vivant; il aurait été stérile... Et vous lui ressembleriez.

Non, vous n'êtes pas du passé! Non, vous n'êtes pas du présent!

Êtes-vous? Non, vous avez l'air d'être... Pur accident, simple phénomène. Nulle existence. Ce qui *est* vraiment, produit.

Si vous veniez, vous qui n'êtes point, qui ne faites rien, qui ne ferez rien, nous conseiller de ne rien faire,

[1] Le symbolisme vivant du moyen âge, qui toujours allait changeant sous une forme immobile en apparence, ressemblait en cela à toute chose vivante, à la plante par exemple qui change si doucement qu'on croit que rien n'a changé. Rien de plus étranger à la méthode artificielle, voulue, raisonnée, qui prémédite l'enthousiasme et mécanise la foi.

d'abdiquer notre activité, de nous remettre à vous, au néant, nous répondrions : « Il ne faut pas que le monde meure encore; qu'on soit mort, à la bonne heure; est-ce un droit pour exiger que le reste soit mort aussi? »

Si l'on insiste, si l'on veut que vous soyez quelque chose, j'accorderai que vous êtes une vieille machine de guerre[1], un brûlot de Philippe II, de l'*invincible Armada*... Quiconque y monte, y périt, et Philippe II, et Charles X, et quiconque y montera.

Nés du combat, vous restez fidèles à votre naissance. Vos œuvres ne sont que des disputes, des discours scolastiques et polémiques, c'est-à-dire des négations... Nous travaillons, vous combattez; des deux voies, laquelle est chrétienne?

---

[1] Trois ans après la Saint-Barthélemi, Grégoire XIII, qui avait remercié le ciel de cet heureux événement, accorda aux Jésuites tous les priviléges que les papes avaient accordés ou accorderaient jamais (*concessis et concedendis*) à toutes personnes ecclésiastiques, séculières ou régulières. De là leur prétention de représenter toute l'Église, conformément à ce nom ambitieux de Société de Jésus. Ils en sont la dangereuse contrefaçon. Ils prennent hardiment dans toutes les règles antérieures, copient saint Benoît, saint Dominique, saint François. Allez voir ensuite les originaux, vous trouvez que les textes empruntés avaient un autre sens, tout religieux et poétique, et qui n'a rien à voir avec la police de ceux-ci... Effet bizarre et ridicule, comme d'une ordonnance de police qui irait chercher ses motifs dans la Divine comédie. V. plus bas les notes de la p. 57 et de la p. 70.

Milites (c'est votre nom), remettez votre épée dans le fourreau... *Beati pacifici!*

Faites comme nous faisions avant que vous ne vinssiez nous troubler, travaillez tranquillement. Alors seulement, vous comprendriez le christianisme et le moyen âge, dont vous vous doutez si peu.

A qui adressé-je ce conseil, qui n'est pas d'un ennemi? A la Société? Non, elle se vante de ne pas changer, de ne s'améliorer jamais[1]... Je parle à tel infortuné, que je vois d'ici en pensée, qui peut-être se sent, trop tard, entré dans la voie sans retour, et pleure en secret d'avoir épousé la mort.

[1] On sait le mot du général : Sint ut sunt, aut non sint.

La fin de cette leçon fut reproduite à mon insu par *la Patrie* le soir même, et le lendemain (28 avril) par *le Siècle.* — J'ignorais alors la part active que la Presse allait prendre à cette lutte.

J'ignorais (ce qui peut sembler étrange, mais n'en est pas moins exact) que mon ami, M. Quinet, ayant conduit son cours jusqu'au milieu du seizième siècle, dût traiter de la littérature des Jésuites. Encore moins avais-je connaissance de l'article que M. Libri inséra dans la *Revue des Deux-Mondes,* trois jours après ma leçon (1er mai).

Ce qui peut-être surprendra davantage, c'est que *je n'avais pas lu une ligne de tout ce qu'on avait écrit contre moi.* C'est après ma seconde leçon, qu'un de mes anciens élèves, m'apporta le Monopole universitaire.

IIe LEÇON.

RÉACTIONS DU PASSÉ. *Des revenants.* Perinde ac cadaver.
[4 mai 1843.]

On a dit que je défendais, on a dit que j'attaquais. Ni l'un, ni l'autre... J'enseigne.

Le professeur d'histoire et de morale a droit d'examiner la plus grave question de la philosophie et de l'histoire : Ce que c'est qu'*organisme et mécanisme*, en quoi diffère l'organisme vivant du mécanisme stérile.

Question grave, en ce moment surtout où la vie semble faiblir, où la stérilité nous gagne, où l'Europe, tout occupée naguère d'imiter la France, de contrefaire ou traduire la France, s'étonne de voir que nous allons produisant de moins en moins.

J'ai cité un exemple illustre de mécanisme, puissant pour l'action, impuissant pour la production, l'ordre des jésuites, qui, dans une existence de trois siècles, n'a pu donner un seul homme, un seul livre de génie.

Les jésuites appartiennent, autant que les *templiers*, au jugement de l'histoire. C'est mon droit et mon devoir de faire connaître ces grandes associations. J'ai commencé par les templiers dont je publie le Procès ; j'arrive aux jésuites.

Ils ont imprimé avant-hier, dans leur journal, *que j'attaquais le clergé* ; c'est tout le contraire. Faire connaître les *tyrans du clergé*, qui sont les jésuites, c'est rendre au clergé le plus grand service, préparer sa délivrance. Nous ne confondons nullement les tyrans et les victimes. Qu'ils n'espèrent pas se cacher derrière ce grand corps qu'ils compromettent en le poussant dans la violence, lorsqu'il ne voudrait que la paix.

Les jésuites sont, je l'ai dit, une formidable machine de guerre, inventée dans le plus violent combat du seizième siècle, employée comme une ressource désespérée, dangereuse pour ceux qui s'en servent... Il y a un lieu où l'on sait cela parfaitement, c'est Rome, et voilà pourquoi les cardinaux ont dit[1] et diront toujours au conclave, quand on propose un jésuite : *Dignus, sed jesuita*. Ils savent que l'ordre, au fond, s'adore lui-même... C'est la foi des Templiers.

Le christianisme n'a pu améliorer le monde qu'en

[1] Au sujet du cardinal jésuite Bellarmin.

s'y mêlant. Dès lors il a dû en subir les tristes nécessités, la plus triste de toutes, la guerre. Il s'est fait guerrier par moment, lui qui est la paix ; c'est-à-dire que dans ces moments il se faisait anti-chrétien.

Les machines de guerre, sorties ainsi, par un étrange miracle, de la religion de la paix, se trouvant en contradiction flagrante avec leur principe, ont présenté dès leur naissance un caractère singulier de laideur et de mensonge ; combien plus, à mesure qu'elles s'éloignaient des circonstances qui les avaient fait naître, des nécessités qui pouvaient en expliquer la naissance ! De plus en plus en désaccord avec le monde qui les entourait, qui avait oublié leur origine et n'était frappé que de cette laideur, elles inspiraient une répugnance instinctive ; le peuple en avait horreur, sans savoir pourquoi.

Toute apparition du monde trouble et violent des anciens âges dans notre monde moderne, inspire même répugnance. Les fils aînés du limon qui jadis possédaient seuls le globe, couvert d'eau et de brouillard, et qui aujourd'hui pétrissent de leurs membres équivoques la fange tiède du Nil, semblent une réclamation du chaos qui voudrait nous ressaisir [1].

[1] « Le serpent du vieux limon se présente aimable, luisant, écaillé, ailé : « Voyez mes belles écailles, et mes ailes, montez sur

Dieu, qui est la beauté, n'a pas créé de laideur absolue. La laideur est un passage inharmonique.

Il y a laideur et laideur. L'une qui veut être moins laide, s'harmoniser, s'ordonner, suivre le progrès, suivre Dieu... L'autre qui veut être plus laide, et qui, à mesure que le monde s'harmonise, aspire à l'ancien chaos.

De même, dans l'histoire et dans l'art, on sympathise avec les formes laides qui voudraient leur changement. « *Expecto, Domine, donec veniat immutatio mea...* » Voyez dans nos cathédrales ces misérables figures accroupies qui, sous le poids d'un pilier énorme, tâchent pourtant de lever la tête ; c'est l'aspiration visible du triste peuple d'alors. Vous le retrouvez, au quinzième siècle, laid et grimaçant, mais intelligent, avisé[1]; à travers cette laideur, vous pressentez l'harmonie moderne.

La laideur odieuse, incurable, celle qui choque les yeux, encore plus le cœur, c'est celle qui accuse la volonté de rester telle, de ne pas se laisser améliorer

---

mon dos, volons ensemble à la lumière ! » — « Quoi ! avec ce ventre de reptile, vous promettez de voler ! c'est vous, chauve-souris, qui me menez au soleil ?... Arrière ! monstres chimériques, arrière, mensonges vivants !... Sainte lumière, viens à mon aide, contre les fantômes du chaos, et l'engloutissement de la vieille nuit ! »

[1] Voyez la statue de la fille de Jean Bureau à Versailles.

aux mains du grand artiste qui va sculptant son œuvre à jamais.

Ainsi, quand le christianisme est vainqueur, les dieux païens aiment mieux fuir. Ils vont chercher les forêts ; ils vivent là farouches et de plus en plus sauvages ; les vieilles femmes cabalent pour eux sur la bruyère de Macbeth. Le moyen âge regarde cette tendance obstinée vers le passé, cet effort d'aller en arrière, lorsque Dieu mène en avant, il le regarde comme le mal suprême, et il l'appelle le Diable.

Même horreur pour les *Albigeois*, lorsque ceux-ci, qui se disaient chrétiens, renouvelèrent la dualité persane, manichéenne, comme, si en plein christianisme, Arimane était revenu s'asseoir à côté de Dieu.

Moins grossier, mais non moins impie, semble avoir été le mystère du *Temple*.

Étrange religion de soldats moines qui, dans leur mépris des prêtres, semblent avoir mêlé les superstitions des anciens gnostiques et des musulmans, ne voulant plus de Dieu que le Saint-Esprit, l'enfermant avec eux dans le secret du Temple, le gardant pour eux. «Leur vrai Dieu devint l'ordre même. Ils adorèrent le Temple et les Templiers, comme temples vivants... Leurs symboles exprimèrent le dévouement aveugle, l'abandon complet de la volonté. L'ordre, se serrant ainsi, tomba dans une farouche religion de soi-même, dans un satanique égoïsme. Ce qu'il y a de souverainement diabolique dans le diable, c'est de s'adorer. »

Ainsi, cet instrument de guerre que l'Église s'était créé pour le besoin des Croisades, tourna si bien dans ses mains, que lorsqu'elle croyait le diriger, elle en sentit la pointe au cœur... Toutefois le péril fut moindre en ce que cette création bâtarde du moine-soldat, avait peu de vitalité hors de la croisade, qui l'avait fait naître.

La bataille du seizième siècle créa une milice bien plus dangereuse. Au moment où Rome est attaquée dans Rome même par les livres de Luther et les armes de Frondsberg, il lui vient d'Espagne un vaillant soldat qui se voue à la servir, un homme d'enthousiasme et de ruse... Elle saisit ce glaive dans son péril, et si vivement, avec tant de confiance, qu'elle en jette le fourreau. Elle remet tout pouvoir au général des jésuites, s'interdisant de leur donner jamais, même sur leur demande, de priviléges contraires à leur institut (Nullius momenti habenda sunt, etiamsi à Sede apostolica sint concessa). Le pape ne changera rien, et le général avec l'assemblée de l'ordre, changera ce qu'il voudra, selon les lieux et les temps.

Ce qui fit la force et la légitimité de l'ordre à son apparition, c'est qu'il soutint contre les protestants qui exagéraient l'influence divine, que l'homme est libre pourtant.

Maintenant quel usage fera-t-il de cette liberté? Il la remettra aux jésuites; il l'emploiera à obéir, et *il croira juste* tout ce qui lui sera commandé[1] : il sera dans la main des supérieurs, comme un bâton dans la main d'un vieil homme qui en fait tout ce qu'il veut, il se laissera pousser à droite, à gauche, *comme un cadavre* : PERINDE AC CADAVER.

A l'appui de cette doctrine d'obéissance et de tyrannie, la *délation* est autorisée par le fondateur lui-même.

Ses successeurs organisent la grande scolastique morale, ou *casuistique*, qui trouve pour toute chose un *distinguo*, un *nisi*... Cet art de ruser avec la morale, fut la force principale de leur Société, l'attrait tout-puissant de leur confessionnal. La prédication fut sévère, la direction indulgente. Là se conclurent d'étranges marchés entre la conscience malade des grands

---

[1] ... Obedientia, tum in executione, tum in voluntate, tum in intellectu, sit in nobis semper ex omni parte perfecta... *omnia justa esse nobis persuadendo*. Constit. p. 123, in-12, Romæ, in collegio Societatis, 1583.

de ce monde, et la direction toute politique de la Société.

Le moyen le plus efficace de conversion et qui fut dès lors trouvé, appliqué, par les jésuites, *ce fut d'enlever les enfants*, pour forcer les parents à se convertir... Nouveau moyen, et bien ingénieux, auquel Néron et Dioclétien n'avaient pas pensé.

Un seul fait. Vers 1650, une grande dame du Piémont, très-mondaine, très-passionnée, se trouvait au lit de mort; elle était assistée de ses confesseurs jésuites, et pourtant, peu rassurée. Dans ce grave moment, elle se souvint de son mari qu'elle n'avait pas vu depuis longtemps, elle le fit venir et lui dit : « J'ai beaucoup péché (peut-être envers vous), j'ai beaucoup à expier, je crois mon âme en péril. Aidez-moi, et jurez que vous emploierez tous les moyens, le fer et le feu, pour convertir les Vaudois. » Le mari, brave militaire, jura, et n'épargna aucun moyen militaire; mais rien n'y faisait. Les jésuites, plus habiles, imaginèrent alors d'enlever les enfants; on était sûr que les mères suivraient [1]...

Ce moyen, sous la même influence, fut largement

[1] L'édit de Turin, 1655, constate cette chose effroyable, par l'adoucissement même qu'il y met : Défense d'enlever les garçons avant douze ans, les filles avant dix.

appliqué, lors de la révocation de l'Édit de Nantes. Louis XIV y répugnait; mais madame de Maintenon qui n'avait pas d'enfant, lui fit entendre que rien n'était mieux imaginé, ni plus efficace... Les cris des mères ont monté au ciel !

Si nous répugnons, nous aussi, à mettre nos enfants dans les mains de ceux qui les premiers conseillèrent ces enlèvements d'enfants, il faut peu s'en étonner. L'éducation mécanique que donnent les Jésuites, cultive peut-être l'esprit, mais en brisant l'âme. On peut savoir beaucoup, et n'en pas moins être une âme morte : *Perindè ac cadaver.*

Il y a aussi une chose qui doit mettre en défiance. Ce que sont les jésuites aujourd'hui, et ce qu'ils font, qui le sait?... Ils ont plus que jamais une existence mystérieuse.

Nous aurions droit de leur dire : La partie n'est pas égale entre vous et nous. Nous livrons toutes nos pensées au public, nous vivons dans la lumière. — Vous, qui vous empêche de dire *oui*, le matin, *non* le soir ?

On sait ce que nous faisons. Nous travaillons bien

ou mal. Chaque jour, nous venons tout apporter ici, notre vie, notre propre cœur... Nos ennemis peuvent y mordre.

Et il y a déjà longtemps (simples que nous sommes et laborieux) que nous les nourrissons de notre substance. Nous pouvons leur dire, comme dans le chant grec le blessé dit au vautour : « Mange, oiseau, c'est « la chair d'un brave ; ton bec croîtra d'une coudée. »

Car enfin, voyez vous-mêmes, de quoi vivez-vous dans votre grande pauvreté ?

La langue même que vous avez dans la bouche, avec laquelle vos avocats attaquent J.-J. Rousseau, c'est la langue de Rousseau, autant qu'ils peuvent.. Rhétorique, raisonnement, peu d'observation des faits.

Le spiritualisme chrétien, qui l'a relevé il y a vingt ans, est-ce vous ? oseriez-vous le dire ?

La ferveur pour le moyen âge, qui l'a ramenée dans le public, est-ce vous ? oseriez-vous le dire.

Nous avons loué le passé, saint Louis, saint Thomas, même Ignace de Loyola.. Et vous êtes venus dire : Je suis Loyola.. Non ! pas même Loyola.. Un homme de génie n'eût pas fait aujourd'hui ce qu'il fit alors...

Cette église même, où vous prêchez, elle était là depuis des siècles et vous ne saviez pas la voir... Il a fallu qu'on vous la montrât, qu'on vous fît découvrir les tours de Notre-Dame, et alors vous vous y êtes glissés, que Notre-Dame le voulût ou non ; vous en avez fait une place de guerre, et vous avez mis vos batteries sur les tours, sur cette maison de paix...

Eh bien! qu'elle juge elle-même cette maison, entre vous et nous, quels sont les vrais successeurs des hommes qui l'ont bâtie ?

Vous, vous dites que tout est fini, vous ne voulez pas qu'on ajoute. Vous trouvez les tours assez hautes... Elles le sont bien assez pour y asseoir vos machines.

Nous, nous disons qu'il faut toujours bâtir, mettre œuvre sur œuvre, et des œuvres vives, que Dieu créant toujours, nous devons suivre, comme nous pourrons, et créer aussi...

Vous vouliez qu'on s'arrêtât... et nous avons poursuivi... Malgré vous, nous avons, au dix-septième siècle, découvert le ciel (comme la terre au quinzième); vous vous êtes indigné, mais il vous a bien fallu reconnaître cet immense accroissement de la religion. — Avant le droit des gens, qui a mis la paix dans la guerre même, avant l'égalité civile, le christianisme lui-même était-il réalisé ? — Qui a ouvert ces grandes voies? Le temps moderne que vous accusez.

— L'égalité politique, dont vous commencez à savoir

le nom, pour l'employer contre nous, ce sera encore une pièce, que nous ajouterons à notre grande construction... Nous sommes des maçons, des ouvriers, laissez-nous bâtir, laissez-nous poursuivre de siècle en siècle, l'édification de l'œuvre commune, et sans nous lasser jamais, exhausser de plus en plus l'éternelle Église de Dieu !

Cette leçon fut troublée par quelques signes d'une insolente désapprobation. Les individus qui se les permirent, soulevèrent l'indignation de tout l'auditoire ; reconnus à la sortie du cours, ils furent poursuivis par les huées de la foule.

Le mercredi suivant, M. Quinet, dans une leçon qui restera, établit notre droit, le droit de la liberté du professeur. Les journaux se déclarèrent successivement pour nous (le *National* et le *Constitutionel*, le 5 mai ; les *Débats*, le 13 ; la *Revue des deux Mondes*, le 15 ; le *Courrier*, le 17 ; la *Revue indépendante*, le 25). Le *Siècle* reproduisit les leçons de M. Quinet, et les miennes.

Une nouvelle revue dont le premier numéro parut le 15 mai, en donna des extraits (*Journal de la liberté religieuse*, dirigé par M. Goubault); des fragments considérables furent insérés par divers journaux des départements et de l'étranger : *Journal de Rouen, Écho de Vésone. Courrier de Lyon, Espérance, Helvétie, Courrier Suisse*, etc., etc.

Le jeudi 11 mai, plusieurs de mes collègues et de mes plus illustres amis, français et étrangers, voulurent, en quelque sorte, protester par leur présence contre ces indignes attaques, et me firent l'honneur d'entourer ma chaire.

IIIᵉ LEÇON.

ÉDUCATION, DIVINE, HUMAINE. *Éducation contre nature.*
[11 mai 1843.]

Dans une vie déjà avancée, solitaire et laborieuse, je trouve, en regardant derrière moi, une compensation très-douce à ce qui a pu me manquer.

C'est qu'il m'a été donné autant qu'à aucun homme de ce temps, de contempler dans l'histoire un mystère vraiment divin.

Je ne parle pas du spectacle des grandes crises dramatiques qui semblent les coups d'état de Dieu... Je parle de l'action douce, patiente, souvent à peine sensible, par laquelle la Providence prépare, suscite et développe la vie, la ménage et la nourrit et va la fortifiant. (*Rumeurs, interruption.*)

J'atteste mes illustres amis, historiens de l'humanité ou de la nature, que je vois dans cette enceinte, je leur demande si la plus haute récompense de leurs travaux, leur meilleure consolation dans les fortunes diverses, n'a pas été la contemplation de ce que nous pouvons appeler la maternité de la Providence.

Dieu est une mère... Cela est sensible pour qui voit avec quel ménagement, il met les plus grandes forces à la portée des êtres les plus faibles.... Pour qui ce travail immense, ce concours des éléments, ces eaux venues des mers lointaines, et cette lumière de trente millions de lieues? Quel est ce favori de Dieu devant lequel la nature s'empresse, se modère et retient son souffle?... C'est un brin d'herbe des champs.

A voir ces ménagements si habiles, si délicats, cette crainte de blesser, ce désir de conserver, ce tendre respect de l'existence, qui méconnaîtrait la main maternelle?

La grande mère, la grande nourrice est comme toutes les mères; elle craint d'être trop forte; elle entoure et ne serre pas; elle influe, ne force pas; elle donne toujours et toujours, mais doucement, peu à la fois... de sorte que le nourrisson, quel qu'il soit, ne reste pas longtemps passif, qu'il s'aide lui-même et que selon son espèce, il ait aussi son action.

Le miracle éternel du monde, c'est que la force infinie, loin d'étouffer la faiblesse, veut qu'elle devienne une force. La Toute-puissance semble trouver une félicité divine à créer, encourager la vie, l'action, la liberté. (*Rumeurs, violents dialogues, longue interruption.*)

L'éducation n'a pas d'autre but que d'imiter, dans la culture de l'homme, cette conduite de la Providence. Ce que l'éducation se propose, c'est de développer une créature libre, qui puisse elle-même agir et créer.

Dans l'éducation désintéressée et tendre qu'ils donnent à leur enfant, les parents ne veulent rien pour eux, mais tout pour lui, qu'il grandisse harmoniquement dans toutes ses facultés, dans la plénitude de ses puissances, que peu à peu il devienne fort, qu'il soit homme et les remplace.

Ils veulent avant tout que l'enfant développe son activité, quand même ils devraient en souffrir.. Si le père fait de l'escrime avec lui, il lui donne avantage pour l'enhardir, il recule, se laisse toucher, ne trouve jamais qu'il frappe assez fort...

La pensée des parents, le but de leurs soins pendant tant d'années, c'est qu'à la longue l'enfant soit en état de se passer d'eux, qu'il puisse les quitter un jour... La mère même se résigne, elle le voit partir, elle l'envoie dans les carrières hasardeuses, dans la marine, à l'armée. Que veut-elle? qu'il revienne homme, bruni du soleil d'Afrique, distingué et admiré, et qu'il se marie alors, qu'il aime une autre plus que sa mère...

Tel est le désintéressement de la famille; tout ce qu'elle demande, c'est de produire un homme libre et fort, qui puisse, s'il le faut, se détacher d'elle.

Les familles artificielles, ou confréries du moyen âge, avaient, dans leur commencement, quelque chose de ce caractère divin de la famille naturelle, le développement harmonique dans la liberté. Les grandes familles monastiques, en eurent une ombre, à leur principe, et c'est alors qu'elles produisirent les grands hommes qui les représentent par devant l'histoire. Elles n'ont été fécondes qu'autant qu'elles laissaient quelque chose au libre développement.

Les seuls Jésuites, institués pour une action violente de politique et de guerre, ont entrepris de faire entrer l'homme tout entier dans cette action. Ils veulent se l'approprier sans réserve, l'employer et le garder, de la naissance à la mort. Ils le prennent par l'*éducation*, avant que la raison éveillée ne puisse se mettre en défense, ils le dominent par la *prédication*, et le gouvernent dans ses moindres actes par la *direction*.

Quelle est cette éducation? Leur apologiste, le jésuite Cerutti le dit assez nettement (*Apologie*, p. 330):

« De même qu'on emmaillote les membres de l'enfant dès le berceau, *pour leur donner une juste proportion*, il faut, dès sa première jeunesse EMMAILLOTER, pour ainsi dire, *sa volonté*, pour qu'elle conserve dans tout le reste de sa vie une heureuse et salutaire souplesse. »

Si l'on pouvait croire qu'une faculté *emmaillotée* longtemps puisse jamais devenir active, il suffirait de rapprocher de cette expression doucereuse le mot plus franc qu'ils n'ont pas craint d'écrire dans leur règle, et qui indique fort bien le genre d'obéissance qu'ils demandent et ce que l'homme sera dans leurs mains : *Comme un bâton, comme un cadavre.*

Mais diront-ils : « Si la volonté seule est annulée, et que les autres facultés y gagnent, n'y a-t-il pas compensation ? »

Prouvez qu'elles ont gagné ; prouvez que l'esprit et l'intelligence peuvent vivre en l'homme, avec une volonté morte... Où sont vos illustres depuis trois cents ans ?...

Quand même un côté de l'homme devrait profiter de l'affaiblissement de l'autre côté, qui donc a droit de pratiquer de telles opérations, par exemple de crever l'œil gauche, sous prétexte que l'œil droit en aura la vue plus nette ?

Je sais que les éleveurs anglais ont trouvé l'art de faire d'étranges spécialités, des moutons qui ne sont que suif, des bœufs qui ne sont que viande, d'élégants squelettes de chevaux pour gagner des prix ; et pour monter ces chevaux, il leur a fallu des nains, tristes créatures à qui on défend de grandir.

N'est-ce pas une chose impie d'appliquer à l'âme cet art choquant de faire des monstres, de lui dire : « Tu garderas telle faculté, et tu sacrifieras telle autre ; nous te laisserons la mémoire, le sens des petites choses, telle pratique d'affaire et de ruse ; nous t'ôterons ce qui fait ton essence, ce qui est toi-même, la volonté, la liberté !.. en sorte qu'ainsi inutile, tu vives encore, comme instrument, et que tu ne t'appartiennes plus... »

Pour faire ces choses monstrueuses, il faut un art monstrueux.

L'art de tenir les hommes *ensemble* et pourtant dans l'*isolement*, unis pour l'action, désunis de cœur, concourant au même but, tout en se faisant la guerre.

Pour obtenir cet état d'isolement dans la société même, il faut d'abord laisser les membres inférieurs dans l'ignorance parfaite de ce qu'on leur révélera aux degrés supérieurs (Reg. comm. XXVII), de sorte qu'ils aillent à l'aveugle d'un degré à l'autre et comme s'ils montaient dans la nuit [1].

C'est le premier point. Le second, c'est de les mettre en défiance les uns à l'égard des autres, par la crainte des délations mutuelles (Reg. comm. XX).

Le troisième, de compléter ce système artificiel par des livres spéciaux qui leur montrent le monde sous un jour entièrement faux, de sorte que, n'ayant aucun moyen de contrôle, ils se trouvent à jamais enfermés, et comme murés, dans le mensonge.

Je ne citerai qu'un de ces livres, leur Abrégé d'histoire de France (éd. de 1843[2]), livre, depuis vingt-cinq ans, répandu par millions, en France, en Belgi-

---

[1] Pour justifier la défense d'apprendre à lire qu'ils font à leurs domestiques, ils citent hardiment saint François d'Assise (*Reg. comment. Nigronus,* p. 303), qui, avec sa confiance parfaite dans l'illumination divine, dispense les siens d'étudier... Je crois voir Machiavel exploitant, pour sa politique, le mot qu'il aurait surpris sur les lèvres d'un enfant. — Il en est de même d'une foule de choses dont les Jésuites ont pris la lettre dans les anciennes règles, mais qui ont chez eux, un sens tout différent, et ne sont là que pour témoigner combien leur esprit est contraire à celui du moyen âge.

[2] *Histoire de France* à l'usage de la jeunesse, t. II, p. 342; in-12, nouvelle édition, revue et corrigée, 1843; imprimée à Lyon, chez Louis Lesne, imprimeur-libraire, ancienne maison Rusand. Ce livre et tous ceux de la même main sont désignés dans les catalogues par le signe A. M. D. G. (*ad majorem Dei gloriam*), ou par L. N. N. (*lucet, non nocet.*)

que, en Savoie, en Piémont et en Suisse, livre si bien adopté par eux qu'ils l'ont modifié d'année en année [1], le purgeant des mots ridicules qui avaient rendu célèbre le nom de l'auteur ; ils ont laissé les calomnies, les blasphèmes contre la France... Partout le cœur anglais, partout la gloire de Wellington [2]. Mais les Anglais eux-mêmes se sont montrés moins Anglais ; ils ont réfuté avec mépris les calomnies que les jésuites ont inventées ou reproduites contre nos morts de Waterloo, le passage entre autres, où, racontant que les débris de la garde impériale refusèrent de se rendre,

[1] Et de mois en mois. Dans l'édition qu'ils ont faite en juin, ils ont supprimé le passage que je citais au collége de France, d'après une édition de janvier ou février, que j'ai encore sous les yeux en écrivant cette note, aujourd'hui 24 juin.

[2] Il faut voir les discours qu'ils lui prêtent, absurdes, insultants pour nous (II, 312), les folies sanguinaires qu'ils font dire à Napoléon (II, 324), les inepties d'une haine idiote : Au 20 mars, on aurait mêlé au cri de *vive* l'empereur, le cri de *vive l'enfer! à bas le paradis!* p. 337. — Que dire de la dissertation sur les perruques qui, dans ce petit livre, occupent deux pages entières (II, 168-169)? Le reste est à l'avenant ; partout, le même esprit, mondain et dévot, les choses les plus graves dites avec une légèreté déplorable, où l'on sent la mort du cœur... Voilà dans quel style l'auteur parle de la Saint-Barthélemi : Le mariage eut lieu, et la joie de la fête eût été complète sans la catastrophe sanglante qui la termina. I, 294. Ce qui est au-dessus de tout, c'est cet éloge audacieux des Jésuites par les Jésuites : Par une distinction bien honorable pour cette compagnie, *on lui comptait autant d'ennemis qu'à la religion elle-même*, II, 103.

l'histoire des jésuites ajoute : « On vit *ces forcenés tirer les uns sur les autres et s'entretuer* sous les yeux des Anglais, que cet étrange spectacle tenait dans un saisissement mêlé d'horreur. »

Malheureux, que vous connaissez peu la génération héroïque que vous calomniez au hasard... Ceux qui ont vu de près ces braves, peuvent dire si leur calme courage fut jamais mêlé de fureur... Plus d'un que nous avons connu, eut la douceur d'un enfant... Ah ! ils ont été doux, les forts [1] !

Si peu que vous ayez de prudence, ne parlez jamais de ces hommes, jamais de ces temps. Taisez-vous sur

---

[1] Que de faits je pourrais citer ! en voici un, qui mérite d'être sauvé de l'oubli. A la bataille de Wagram, une des batteries de la garde impériale se trouva établie pour quelques moments sur un champ couvert de blessés ennemis ; l'un d'eux, qui souffrait horriblement de sa blessure, de la soif et de la chaleur, criait aux Français de l'achever ; furieux de n'être pas compris (il parlait hongrois), il se traîne vers une arme chargée, et il essaie de la tirer sur les canonniers ; l'officier français lui ôta l'arme des mains, et suspendit quelques habits à un faisceau de fusils pour lui faire de l'ombre. — Cet officier était M. Fourcy-Gauduin, capitaine de l'artillerie de la garde, excellent historien de l'École polytechnique, qui a fait des poésies charmantes à travers ces guerres terribles et sur tous les champs de bataille de l'Europe. Il a cette simple épitaphe à notre cimetière du midi : *Hinc surrecturus*. Et plus bas : *Stylo et gladio meruit*. Les deux premiers mots, si nobles et si chrétiens, sont ceux qu'il avait lui-même écrits sur la tombe de sa mère. [*Hinc surrectura !*]

tout cela!... On vous reconnaîtrait trop aisément pour ce que vous êtes, pour les ennemis de la France... Elle vous dirait elle-même : « Ne touchez point à mes morts! Prenez garde, ils ne sont pas aussi morts que vous pensez! »

On put reconnaître pendant cette leçon la main qui dirigeait les interrupteurs. Le moyen qu'on employa pour troubler le cours, était tout à fait conforme à ce que nous venions d'enseigner sur la méthode des Jésuites. Il consistait à étouffer la voix du professeur, non par des sifflets, *mais par des bravos!......* Cette manœuvre fut exécutée par une douzaine de personnes, qui n'étaient jamais venues à nos cours, et qui avaient été recrutées le matin même à cet effet dans un grand établissement public.

Une manœuvre, si peu *française*, révolta les jeunes gens, d'autant plus que les interrupteurs, peu expérimentés, avaient murmuré au hasard, et justement aux passages les plus religieux de cette leçon. Ils furent en péril, l'un d'eux surtout, que je vis avec plaisir protégé par un de mes amis, qui le couvrit de son corps.

Le 16 mai, au soir, plusieurs étudiants m'apportèrent une lettre, pleine de convenance, où ils exprimaient à la fois leur sympathie pour le professeur et leur indignation sur les attaques déloyales dont son cours était l'objet. Cette lettre avait été couverte en un moment de deux cent cinquante-huit signatures.

Les journaux, comme je l'ai dit, s'étaient déclarés pour nous. J'écrivis le 15, la lettre suivante à M. le rédacteur des *Débats* :

Monsieur,

Dans un article obligeant où vous établissez la justice de notre cause, vous dites que nous usons du droit de *défense*. Quelques personnes en pourraient conclure que, pour aller au secours de notre réputation attaquée, nous sortons du sujet de notre enseignement, du cercle, dès longtemps tracé, de nos leçons.

Non, nous ne nous défendons pas. Les passages tronqués, défigurés, se défendent eux-mêmes, dès qu'on les lit dans l'original. Quant aux commentaires qu'on ajoute, qui oserait les lire en public ? Il en est où l'imagination monastique eût fait reculer l'Arétin. (V. le Monopole universitaire, p. 441.)

Dès ma première leçon de cette année, j'ai posé mon sujet ; c'est la plus haute question de la philosophie de l'histoire :

Distinguer l'*organisme* vivant, du *mécanisme*, du formalisme, de la vaine scolastique.

I. Dans la première partie de mon cours, j'ai montré que le vrai moyen âge n'a pas été, comme on croit, dominé par cet esprit stérile, j'ai étudié le mystère de sa vitalité féconde.

II. Dans la seconde partie de mon cours, je montre ce qu'il faut penser du *faux moyen âge* qui veut s'imposer à nous. Je le signale extérieurement, par son impuissance et la stérilité de ses résultats ; je le pénètre au fond même, dans la déloyauté de son principe : s'emparer de l'homme par surprise, l'envelopper avant l'âge où il pourrait se défendre, *emmailloter la volonté*, comme ils disent eux-mêmes, dans l'Apologie des Jésuites.

Tel a été, tel est, monsieur, le plan de mon cours. La polémique n'y vient qu'à l'appui des théories ; l'ordre des Jésuites y est un exemple comme l'ordre des Templiers, que j'ai eu aussi occasion de rappeler.

Je ne suis pas un homme de bruit. La plus grande partie de ma vie s'est écoulée dans le silence. J'ai écrit fort tard, et depuis, je n'ai jamais disputé, jamais répondu. Depuis douze ans, je suis enfermé dans une œuvre immense, qui doit consumer ma vie. Hier, j'écrivais l'Histoire de France, je l'écrirai demain, et toujours, tant que Dieu le permettra. Je lui demande seulement de me maintenir tel que j'ai été jusqu'ici, dans l'équilibre, maître de mon cœur..., de sorte que cette montagne de mensonges et de calomnies, longuement amassée pour m'en accabler d'un coup, ne fasse en rien fléchir l'impartiale balance qu'il a placée dans ma main. Je suis, etc. Lundi, 15 mai 1843.

Nos adversaires purent voir, le 18 mai, à l'attitude de la foule taciturne qui avait rempli toutes les cours du Collége de France, qu'il y aurait péril à tenter plus longtemps la patience du public. Le silence fut complet; une personne soupçonnée (peut-être à tort) d'avoir essayé d'interrompre, fut passée de main en main, et en un moment déposée hors de la salle.

Depuis ce jour, la tranquillité n'a plus été troublée.

IVᵉ LEÇON.

LIBERTÉ, FÉCONDITÉ. *Stérilité des Jésuites.*
[18 mai 1843.]

La liberté de la presse a sauvé la liberté de la parole. Dès qu'une pensée, une voix libre s'élève, on ne peut plus l'étouffer; elle perce les voûtes et les murs. Que servirait d'empêcher six cents personnes d'entendre ce qui demain sera lu de six cent mille?

La liberté, c'est l'homme. — Même pour se soumettre, il faut être libre; pour se donner, il faut être à soi. Celui qui se serait abdiqué d'avance, ne serait plus homme, il ne serait qu'une chose... Dieu n'en voudrait pas!

La liberté est tellement le fonds du monde moderne, que pour la combattre, ses ennemis n'ont d'autre arme qu'elle-même. Comment l'Europe a-t-elle pu lutter contre la Révolution? Avec des libertés données ou promises, libertés communales, libertés civiles (en Prusse, Hongrie, Gallicie, etc.)

Les violents adversaires de la liberté de penser, y puisaient leurs forces. N'est-ce pas un curieux spectacle de voir M. de Maistre, dans sa vive allure, échapper à chaque instant au joug qu'il veut imposer, ici plus mystique que les mystiques condamnés par l'Eglise, là tout aussi révolutionnaire que la Révolution qu'il combat?

Vertu merveilleuse de la liberté! Le plus libre des siècles, le nôtre, s'est trouvé aussi le plus harmonique. Il s'est développé, non plus par écoles serviles, mais par cycles ou grandes familles d'hommes indépendants, qui, sans relever l'un de l'autre, vont pourtant se donnant la main; en Allemagne, le cycle des philosophes, des grands musiciens; en France, celui des historiens et des poëtes, etc.[1].

Ainsi, c'est justement lorsqu'il n'y avait plus d'association, plus d'ordre religieux, plus d'école, que pour la première fois a commencé ce grand concert,

[1] Même développement dans les sciences; dès le commencement du siècle, je vois travailler en face, à l'occasion de nos grandes luttes, et travailler néanmoins en parfait accord, les chimistes de la France, les mécaniciens de l'Angleterre, tous tirant du sein de la nature des forces merveilleuses, qui pour avoir été cherchées sous l'inspiration de la guerre, n'en restent pas moins pour toujours la pacifique possession de l'humanité.

où chaque nation en soi, et toutes les nations entre elles, sans s'être entendues d'avance, se sont accordées.

Le moyen âge, moins libre, n'eut pas cette noble harmonie; il en eut du moins l'espoir et comme l'ombre prophétique dans les grandes associations qui, bien que dépendantes encore, n'en furent pas moins des libertés par rapport aux temps antérieurs. Ainsi quand saint Dominique et saint François, tirant le moine de sa réclusion, l'envoyèrent par tout le monde, comme prêcheur et pèlerin, cette liberté nouvelle versa la vie par torrents... Saint Dominique, malgré la part funeste qu'il prend à l'inquisition, donne en foule les théologiens profonds, les orateurs, les poëtes, les peintres, les hardis penseurs, jusqu'à ce qu'il se brûle lui-même, pour ne point renaître, sur le bûcher de Bruno.

Le moyen âge fut ainsi, non un système artificiel et mécanique, mais bien un être vivant, qui eut sa liberté, et par elle sa fécondité, qui vécut vraiment, travailla et produisit... Et maintenant qu'il repose, il a gagné son repos, le bon ouvrier... Nous qui travaillons aujourd'hui, nous irons volontiers reposer près de lui demain.

Mais auparavant, et lui, et nous, nous serons appelés à répondre de ce que nous avons fait. Les siècles sont responsables comme les hommes. Nous viendrons, nous autres modernes, avec ceux du moyen âge, portant nos œuvres dans les mains, et présentant nos grands ouvriers. Nous montrerons Leibnitz et Kant, et lui saint Thomas; nous Ampère ou Lavoisier, lui Roger Bacon; lui l'auteur du *Dies iræ*, du *Stabat mater*, nous Beethoven et Mozart.

Oui, ce vieux temps aura de quoi répondre; saint Benoît, saint François, saint Dominique arriveront chargés de grandes œuvres qui, toutes scolastiques qu'elles peuvent paraître, n'en furent pas moins des œuvres de vie.

Les Jésuites qu'apporteront-ils?

Il ne s'agit pas ici, entre ces deux imposantes réunions des génies du moyen âge, des génies modernes, de montrer des érudits, des gens d'esprit, d'agréables poëtes latins, un bon prédicateur, Bourdaloue, un philosophe ingénieux, Buffier [1]... Peu pour la littéra-

[1] Voir la liste dans l'Apologie (par le jésuite Cérutti), p. 292-310: *Historiens*, Bougeant, Duhalde, Strada, Charlevoix, Maimbourg, etc. *Érudits*, Pétau, Sirmond, Bollandus, Gaubil, Parennin, etc. *Littérateurs*, Bouhours, Rapin, La Rue, Jouvency, Vanière, Sanadon, etc. Beaucoup d'hommes de science et de mérite; pas un homme de génie. — Ce qu'ils ont à dire, c'est qu'étant venus aux temps du combat, ayant mené généralement une vie d'action, ils ont plus agi que créé, et qu'il faut moins examiner leurs monuments que leurs actes... Eh bien! leur action a-t-elle été vraiment féconde? Nous répondrons non, sans hésiter, même pour les missions. Voyez la leçon de M. Quinet.

ture, rien pour l'art, et moins que rien. Voyez sous leur influence, cette peinture fardée, vieille coquette et minaudière, qui, à partir de Mignard, s'en va toujours pâlissant[1].

Non, ce ne sont pas là vos œuvres. Vous en avez d'autres qu'il faut montrer.

Vos histoires d'abord[2], souvent savantes, toujours suspectes, toujours dominées par un intérêt de parti. Les Daniel, les Mariana, auraient voulu être véridiques qu'ils ne l'auraient pu. Il manque une chose aux vôtres, celle que vous travaillez le plus à détruire, celle justement qu'un grand homme déclare la première qualité de l'historien : « Un cœur de lion pour dire toujours vrai ! »

Au fond, vous n'avez qu'une œuvre à vous : c'est un code.

J'entends les règles et constitutions par lesquelles vous vous gouvernez ; ajoutons la dangereuse chicane à laquelle vous dressez vos confesseurs pour le gouvernement des âmes.

[1] Le Poussin n'aimait ni les Jésuites, ni la peinture des Jésuites. Il disait sèchement à ceux qui lui reprochaient de représenter Jésus-Christ sous une figure trop austère : « Que notre Seigneur n'avait pas été *un père douillet.* »

[2] L'ordre tout entier est un historien, un biographe infatigable, un laborieux archiviste. Il raconte, jour par jour, à son général, tout ce qui se passe au monde.

En parcourant le grand livre des *Constitutions des Jésuites*, on est effrayé de l'immensité des détails, de la prévoyance infiniment minutieuse dont il témoigne : édifice toutefois plus grand que grandiose [1], qui fatigue à voir, parce qu'il n'offre nulle part la simplicité de la vie, parce qu'on y sent avec effroi que les forces vivantes y figurent comme des pierres. On croirait voir une grande église, non pas comme celle du moyen âge, dans sa végétation naïve, — non ! une église dont les murs n'offriraient que têtes et visages d'hommes entendant et regardant, mais nul corps, nul membre, les membres et les corps étant cachés pour toujours, et scellés, hélas ! au mur immobile.

Tout bâti sur un principe : surveillance mutuelle, dénonciation mutuelle, mépris parfait de la nature humaine (mépris naturel peut-être à la terrible époque où fut fondé cet institut).

Le supérieur est entouré de ses *consulteurs*, les pro-

---

[1] Tout ce qu'on trouve dans ce livre d'emprunté au moyen âge, y prend un caractère moderne, souvent très-opposé à l'ancien esprit. Ce qui y règne, c'est un esprit scribe, une manie réglementaire infinie, une curiosité gouvernementale qui ne s'arrête jamais, qui voudrait voir, atteindre le fond par de là le fond. De là, les raffinements inouïs de leur casuistique, et ce triste courage de soulever et décomposer la boue, au risque d'embourber encore plus... — Au total : petit esprit, subtil et minutieux, mélange bâtard de bureaucratie et de scolastique... Plus de police que de politique.

fès, novices, élèves, de leurs confrères ou camarades,
qui peuvent les dénoncer. De honteuses précautions
sont prises contre les membres les plus graves, les plus
éprouvés[1].

Sombre intérieur! combien je les plains!... Mais
l'homme, si mal au dedans, ne doit-il pas être d'autant plus actif au dehors, n'y doit-il pas porter une
dangereuse inquiétude? Ce terrible esprit de police,
le seul moyen qu'il ait d'en moins souffrir, c'est de le
mettre partout.

Une telle police, appliquée à l'éducation, n'est-ce
pas une chose impie?... Quoi! cette pauvre âme qui
n'a qu'un jour entre deux éternités, un jour pour devenir digne de l'éternité bienheureuse, vous mettez la
main dessus pour rendre l'enfant délateur, c'est-à-dire
semblable au diable, qui fut, selon la Genèse, le premier délateur du monde!

Tous les services que les jésuites ont pu rendre[2], ne
peuvent laver ceci. Leur méthode même d'enseigne-

[1] Police et contre-police. *Le confesseur même espionné par sa
pénitente, qu'on lui envoie parfois pour lui faire des questions insidieuses! une femme, servant tour à tour d'espion à deux hommes
jaloux l'un de l'autre... Enfer sous l'enfer!.. Où est le Dante qui
aurait trouvé cela?.. La réalité est bien plus vaste et plus terrible
que toute imagination!...—Ce genre d'espionnage n'est pas dans la
règle, mais dans la pratique.*

[2] Et ils en ont rendu certainement, dans cet entr'acte des études,

ment et d'éducation, judicieuse en plusieurs choses, n'en est pas moins partout empreinte d'un caractère mécanique, automatique. Nul esprit de vie. Elle règle l'extérieur; l'intérieur viendra, s'il peut. Elle enseigne entre autres choses *à porter décemment la tête, à regarder toujours plus bas que celui à qui l'on parle, à bien effacer les plis qui se forment au nez et au front*[1], signes en effet trop visibles de la duplicité et de la ruse... Les malheureux comédiens ne savent pas que la sérénité, l'air de candeur et la grâce morale doivent venir de l'intérieur, monter du cœur au visage, qu'on ne les imite jamais.

. . . .

Voilà, messieurs, les ennemis auxquels nous avons affaire. La liberté religieuse, sur laquelle ils voudraient porter les mains, est solidaire de toutes les autres, de

---

l'éducation scolastique ayant fini, et l'éducation moderne n'ayant pas commencé. Néanmoins leur méthode, même en ce qu'elle a de judicieux, est gâtée par le petit esprit, par les divisions excessives de temps et d'études diverses; tout est coupé mesquinement : un quart d'heure pour quatre lignes de Cicéron, un autre quart d'heures pour Virgile, etc. Ajoutez leur manie d'arranger les auteurs, d'y mêler même leur style, d'habiller les anciens en Jésuites, etc.

[1] *Institutum Soc. Jes.*, II; 114, éd. Prag. in-folio. Rien n'a changé dans l'éducation des Jésuites. Tout ce que j'avais lu dans l'*Intérieur de Saint-Acheul, par un de ses élèves*, m'a été confirmé par des élèves de Brugelete, de Brieg et de Fribourg.

la liberté politique, de celle de la presse, de celle de la parole, que je vous remercie d'avoir maintenue... Gardez bien ce grand héritage; vous le devez d'autant plus que vous l'avez reçu de vos pères, jeunes gens, et non fait vous-mêmes; c'est le prix de leurs efforts, le fruit de leur sang. L'abandonner! autant vaudrait briser leurs tombeaux.

Qu'il vous souvienne toujours du mot d'un vieillard d'autrefois, d'un homme à la blanche barbe, comme il dit lui-même, du chancelier L'Hôpital : « Perdre la liberté, ô bon Dieu! Que reste-t-il à perdre après cela? »

Vᵉ LEÇON.

LIBRE ASSOCIATION, FÉCONDITÉ. *Stérilité de l'Église asservie.*
[26 mai 1843.]

Les attaques violentes, perfides, qu'on a dirigées contre moi, depuis notre dernière réunion, m'obligent à dire un mot de moi-même.

Un mot; le premier, et ce sera le dernier.

Messieurs, nous nous connaissons de longue date.

La plupart des jeunes gens qui sont ici, ont été élevés, sinon par moi, au moins par mes livres et par mes élèves. Il n'est ici personne qui ignore la ligne que j'ai suivie.

Ligne à la fois libérale et religieuse. Elle part de 1827. En cette année je publiai deux ouvrages; l'un était la traduction d'un livre qui fonde la philosophie de l'histoire sur la base de la Providence, commune à toute religion; l'autre était un abrégé d'histoire moderne, où je condamnais avec plus de force que je ne l'ai jamais fait depuis, le fanatisme et l'intolérance[1].

Donc, on me connaissait dès lors, et par mes livres, et par mon enseignement de l'école Normale, enseignement que mes élèves répandaient sur tous les points de la France. Depuis, je n'ai pas dit un mot qui ne fût d'accord avec mon point de départ.

Ma carrière n'a été nullement hâtée; j'ai franchi, un à un, tous les degrés, sans qu'on m'en ait épargné, abrégé un seul. L'examen, l'élection, l'ancienneté, telles ont été mes voies.

On me reproche mes humbles commencements... Mais je m'en fais gloire... (*Applaudissements.*)

On dit *que j'ai sollicité*[2]... Quand l'aurais-je fait? Celui qui, pendant tant d'années, tous les jours, et sans repos, a suffi au double travail du professeur et de l'écrivain, s'est réservé peu de temps pour les affaires et les intérêts.

J'ai mené longues années la vie des bénédictins de

---

[1] Voir spécialement ce que j'ai dit sur la Saint-Barthélemi, Précis de l'Histoire moderne, au bas de la p. 141, édition de 1827.

[2] Je n'ai point sollicité sous la restauration, comme on l'a dit, mais j'ai été sollicité; dans quel moment? En 1828, sous le ministère Martignac, et par l'intermédiaire d'un de mes illustres amis à qui ce ministère rendait alors sa chaire, aux applaudissements de la France.

notre âge, des Sismondi, des Daunou... M. Daunou vivait dans un faubourg éloigné, au milieu des jardiniers ; tous les matins, quand ils voyaient la lumière à sa fenêtre, ils se mettaient au travail et disaient : « Il est quatre heures. »

En commençant une œuvre immense, comme est l'histoire de ce pays, une œuvre sans proportion avec la durée de la vie humaine, on se condamne à mener une vie de reclus... Cette vie n'est pas sans danger. On s'y absorbe à la longue, au point de ne plus savoir ce qui se passe au-dehors, et parfois l'on ne s'éveille que quand l'ennemi force la porte, et qu'il est entré chez vous.

Hier encore, je l'avoue, j'étais tout entier dans mon travail, enfermé entre Louis XI et Charles le Téméraire, et fort occupé de les accorder... lorsqu'entendant à mes vitres ce grand vol de chauve-souris, il m'a bien fallu mettre la tête à la fenêtre et regarder ce qui se passait.

Qu'ai-je vu? Le néant qui prend possession du monde... et le monde qui se laisse faire, le monde qui s'en va flottant, comme sur le radeau de la *Méduse*, et qui ne veut plus ramer, qui délie, détruit le radeau, qui fait signe... à l'avenir? à la voile de salut?... Non! mais à l'abîme, au vide...

L'abîme murmure doucement : Venez à moi, que craignez-vous ? Ne voyez vous pas que *je ne suis rien ?*

Et c'est parce que *tu n'es rien*, justement, que j'ai peur de toi. Ce que je crains, c'est ton néant. Je n'ai pas peur de ce qui *est ;* ce qui *est* vraiment, est de Dieu.

Le moyen âge a dit dans son dernier livre (l'*Imitation*) : Que Dieu parle, et que les docteurs se taisent. — Nous n'avons pas ceci à dire, nos docteurs ne disent rien.

La théologie, la philosophie, ces deux maîtresses du monde, d'où l'esprit devrait descendre, disent-elles quelque chose encore ?

La philosophie n'enseigne plus ; elle s'est réduite à l'histoire, à l'érudition ; elle traduit ou réimprime.

La théologie n'enseigne plus. Elle critique, elle injurie. Elle vit sur des noms propres, sur les livres et la réputation de M. tel, qu'elle attaque... Qu'importe M. tel ou tel ? Parlez-nous plutôt de Dieu.

Il est grand temps, si l'on veut vivre, que chacun, laissant ces docteurs disputer tant qu'il leur plaît, cherche la vie en soi-même, fasse appel à la voix intérieure, aux travaux persévérants de la *solitude*, au secours de la libre *association*.

Nous n'entendons guère aujourd'hui ni la solitude,

ni l'association; encore moins sait-on comment le travail solitaire, et les communications libres, peuvent alterner et se féconder.

Là pourtant est le salut... Je vois, en pensée, tout un peuple qui souffre et languit, n'ayant ni association, ni vraie solitude, quelque isolé qu'il puisse être. Ici, un peuple d'étudiants, éloignés de leurs familles (cette montagne des écoles est un quartier d'exilés), là bas un peuple de prêtres, dispersés dans les campagnes, entre la malveillance du monde et la tyrannie de leurs chefs, foule infortunée, sans voix pour se plaindre, qui, dans tout un demi-siècle, n'a poussé encore qu'un soupir[1].

Tous ces hommes isolés, ou associés de force pour maudir l'association, étaient groupés, au moyen âge, en libres confréries, en colléges, où, sous l'autorité même, il restait une part à la liberté. Plusieurs de ces colléges se gouvernaient, nommaient leurs chefs, leurs maîtres. Et non-seulement l'administration y était libre, mais l'étude en certains points. Dans cette grande école de Navarre, par exemple, à côté de l'enseignement obligé, les étudiants avaient le droit de se choisir

---

[1] De l'état actuel du clergé, et en particulier des curés ruraux appelés desservants, par MM. Allignol, prêtres desservants, 1839.

eux-mêmes un livre pour expliquer ensemble, étudier et chercher ensemble. Ces libertés furent fécondes ; le Collége de Navarre donna une foule d'hommes éminents, des orateurs, des critiques, les Clémengis et les Launoy, les Gerson et les Bossuet [1].

Ce qu'il y avait de liberté dans les écoles du moyen âge, disparut aux derniers siècles.

[1] Voyez encore avec quelle fécondité, le libre développement se produit dans ces aimables associations des grands peintres, du treizième au seizième siècle !

Le maître, admettant ses élèves à peindre dans ses tableaux, n'en poursuit pas moins, à travers ce flot de peinture diverse, sa vigoureuse impulsion... Eux qui semblent s'immoler à lui, s'absorber en lui, se perdre dans sa gloire, plus ils s'oublient, plus ils gagnent. Ils vont libres et légers, sans intérêt, ni orgueil, et la grâce vient sous leur pinceau, sans qu'ils sachent d'où elle vient... Un matin, voilà ce jeune homme qui broyait hier les couleurs, devenu lui-même maître et chef d'école.

Ce qui, dans l'association libre, est vraiment divin, c'est qu'en se proposant telle œuvre spéciale, elle développe ce qui est au-dessus de toute œuvre, la puissance qui peut les faire toutes : l'union, la *fraternité*... Dans tel tableau de Rubens où Van Dick a mis la main, il y a quelque chose au-dessus de ce tableau, au-dessus même de l'art, leur glorieuse amitié !

Plus on comprendra la vertu de la libre association, plus on se plaira à voir surgir à la vie des forces nouvelles ; plus on tendra la main au nouveau venu. Tout homme de génie différent, d'étude diverse, nous apporte un élément qu'il faut accueillir. Il arrive pour nous compléter. Avant lui, la grande lyre que nous formons entre nous, n'était pas encore harmonique ; chaque corde n'est mise en valeur que par les cordes voisines... S'il en vient une de plus, réjouissons-nous, la lyre résonnera mieux.

Dans ces écoles (trop mal jugées), on apprenait peu, il est vrai, mais on s'exerçait beaucoup. Au seizième siècle, le point de vue change; on veut *savoir*. La science s'accroît tout à coup de tout le monde ancien, qu'on vient de retrouver; par quels moyens mécaniques se mettre dans la mémoire cette masse de mots et de choses?

Cette science inharmonique n'avait produit que le doute; tout flôttait, les idées, les mœurs. On imagina, pour tirer l'esprit humain d'une telle fluctuation, la forte machine de la société des Jésuites, où, bien engagé une fois, et solidement rivé, il ne bougeât plus.

Qu'arriva-t-il? C'est que cette idée barbare de serrer ainsi dans des tenailles la vie palpitante, manqua ce qu'elle voulait. Lorsqu'on croyait tenir, on ne tenait pas; on se trouva n'avoir serré que la mort.

Et la mort gagna. Un esprit de défiance, d'inaction, se répandit dans l'Eglise. Le talent fut en suspicion. Les bons sujets furent ceux qui se turent. On se résigna au silence de plus en plus aisément; on s'habitua à faire le mort. Quand on le fait si bien, c'est qu'on est mort en effet.

De nos jours, les champions éminents du clergé sont étrangers au clergé (les Bonald, les De Maistre). Un prêtre s'est mis en avant, un seul[1]... Est-il prêtre encore ?

Stérilité profonde, et qui explique bien peu le bruit qu'on fait maintenant...

« Mais quoi ! dira-t-on peut-être, ne suffit-il pas de redire et répéter un dogme éternel ? »

Et justement, parce qu'il est éternel, parce qu'il est divin, le Christ, dans ses puissants réveils, n'a jamais manqué d'une robe neuve, d'un vêtement de jeunesse... De siècle en siècle il a incessamment renouvelé sa tunique, et par saint Bernard, et par saint François, et par Gerson, et par Bossuet !...

N'excusez pas votre impuissance. Si la foule a rempli l'église, n'essayez pas de nous faire croire qu'elle y vienne pour entendre ce ressassement de vieilles controverses. Nous analyserons tôt ou tard les motifs divers qui l'ont amenée. Aujourd'hui, une question seulement : Est-ce pour quitter le monde que ces gens-ci viennent à l'église, ou pour y entrer plus vite ?... Dans ce temps de concurrence, plus d'un a fait comme le passant trop pressé, qui, voyant la rue encombrée, profite d'une église ouverte, la traverse, sort par l'autre

---

[1] L'illustre M. de La Mennais.

porte, et se trouve avoir devancé les simples qui travaillent encore à faire leur voie dans la foule. . . .

. . . .

Maintenir le clergé stérile, lui continuer la desséchante éducation du seizième siècle, lui imposer toujours les livres qui témoignent de l'état hideux des mœurs de ce temps, c'est faire ce que ne feraient pas ses plus cruels ennemis.

Quoi! ce grand corps vivant, l'énerver, le paralyser! le tenir inerte, immobile! lui tout défendre, excepté l'injure!

Mais l'injure, mais la critique, la meilleure critique, n'est encore qu'une critique, c'est-à-dire une négation. Devenir de plus en plus négatif, c'est vivre de moins en moins.

Nous qu'ils croient leurs ennemis, nous voulons qu'ils agissent, qu'ils vivent. Et leurs chefs, disons mieux, leurs maîtres, ne leur permettent pas de donner signe de vie... Quelle est, je vous prie, des deux mères du jugement de Salomon, quelle est la vraie, la bonne mère ?·*Celle qui veut que l'enfant vive.*

Pauvre église! il faut que ce soient ses adversaires qui l'invitent à se reconnaître, à partager avec eux le travail de l'interprétation, à se souvenir de ses libertés et des grandes voix prophétiques qui sont sorties de son sein!

Ne vous souvient-il donc plus, ô Eglise! des paroles éternelles qu'un de vos prophètes, Joachim de Flores, écouté avec respect des papes et des empereurs, dictait, l'an 1200, au pied de l'Etna. Son disciple nous dit : « Il dicta trois nuits, trois jours, sans
« dormir, manger, ni boire; moi, j'écrivais... Et il
« était pâle comme la feuille des bois :

« Il y a eu trois âges, trois sortes de personnes
« parmi les croyants : les premiers appelés au travail
« d'accomplir la loi, les seconds au travail de la pas-
« sion, les derniers élus pour la liberté de la contem-
« plation. C'est ce qu'atteste l'Ecriture lorsqu'elle dit :
« Où est l'esprit du Seigneur, là est la liberté. — Le
« premier âge fut un âge d'esclaves, le second d'hom-
« mes libres, le troisième d'amis; le premier, âge de
« vieillards, le second d'hommes, le troisième d'en-
« fants; au premier les orties, au second les roses, au
« dernier les lis. — Le mystère du royaume de Dieu
« apparut d'abord comme dans une nuit profonde ;
« puis il est venu à poindre comme l'aurore; un jour
« il rayonnera dans son plein midi... Car à chaque
« âge du monde, la science croît et devient multiple ;
« il est écrit : Beaucoup passeront, et la science ira
« se multipliant. »

Ainsi, du fond du treizième siècle, le prophète

voyait la lumière du monde moderne, le progrès, la liberté, que ceux-ci ne reconnaissent plus. — De trente lieues on distingue le Mont-Blanc, et on ne le voit pas quand on habite dans son ombre.

C'est la liberté aujourd'hui, la liberté annoncée par ces vieux prophètes, qui vient prier l'Eglise, en leur nom, de ne pas mourir, de ne pas se laisser étouffer sous cette lourde chappe de plomb, de se soulever plutôt, en s'appuyant sur la jeune et puissante main qu'elle lui tend.

Ces prophètes, et nous, leurs enfants (sous forme diverse, n'importe), nous avons senti Dieu de même, comme le vivant et libre esprit, qui veut que le monde l'imite dans la liberté.

Jetez donc là ces armes inutiles, abjurez la folle guerre qu'on vous fait faire malgré vous. Voulez-vous que nous restions là, comme les mauvais ouvriers qui passent toute la journée dans les carrefours, à nous quereller ?

Que ne venez-vous plutôt, vous et les autres, travailler avec nous, pendant qu'il reste quelques heures de jour, en sorte qu'associant nos œuvres et nos cœurs, nous soyons tous de plus en plus, comme disait le moyen âge : Des frères dans le libre esprit !

VIᵉ LEÇON.

L'ESPRIT DE VIE, L'ESPRIT DE MORT. — *Avions-nous le droit de signaler l'esprit de mort?* [1ᵉʳ juin 1843.]

Quel que soit l'accablement des affaires, l'entraînement des passions, il n'est personne qui n'ait un moment dans sa vie pour rêver une vie plus haute.

Personne qui, seul à son foyer, rentrant fatigué le soir, ou bien encore renouvelé aux heures sereines du matin, ne se soit demandé s'il resterait toujours dans le monde des petites choses, s'il ne prendrait jamais l'essor!

Dans ce moment grave, qui peut-être ne reviendra pas, quel homme va-t-on rencontrer?

On rencontrera deux hommes, deux langages et deux esprits.

L'un vous dit de vivre, et d'une grande vie, de ne plus vous disperser au dehors, mais d'en appeler à vous-même, à vos puissances intérieures...., d'embrasser votre destinée, votre science, votre art, d'une volonté héroïque; de ne rien prendre, ni science, ni croyance, comme une leçon morte, mais comme une chose vivante, comme une vie commencée qu'il vous faut continuer et vivifier encore, en créant, selon vos forces, à l'imitation de Celui qui crée toujours... C'est là la grande voie, et, pour être celle du mouvement fécond, elle n'éloigne pas de celle de la sainteté. Est-ce que nous n'avons pas vu les aînés de Dieu, à qui il donnait de le suivre dans sa voie de création, les Newton, les Virgile et les Corneille, marcher dans leur simplicité, rester purs et mourir enfants ?

Ainsi parle l'esprit de vie. Que dirait l'esprit de mort? Que, si l'on vit, il faut vivre peu, de moins en moins, et surtout ne rien créer.

« Garde-toi bien, dirait-il, de développer ta force intérieure; ne t'interroge pas toi-même, n'en crois pas les voix du dedans; cherche dehors, jamais en toi... Que sert de se fatiguer à se faire sa vie et sa science? Eh! les voilà toutes faites, et si courtes, si faciles; il ne s'agit que d'apprendre... Bien sot qui prendrait le grand vol; il est plus sûr de ramper, on n'arrive que plus vite.

« Laisse-moi là ta Bible et ton Dante. Prends la *Fleur des Saints*, le *Petit Traité des petites vertus*.

Passe au col cette amulette ; fais les *Cent mortifications*, et puis par-dessus un petit cantique sur un air mondain... Choisis bien ta place à l'église ; bien vu et connu pour un bon sujet, on te fera ton chemin, on te mariera bien, tu feras une bonne maison.

« Mais tout cela à une condition, c'est que tu sois raisonnable, c'est-à-dire que tu étouffes parfaitement ta raison. Tu n'en es pas bien corrigé, tu en as encore des échappées, cela ne vaut rien... Vois-tu là-bas cet automate, voilà un modèle ; on dirait un homme, il parle et écrit, mais jamais rien de lui-même, toujours des choses apprises ; s'il remue, c'est qu'un fil le tire.

« Si l'on savait combien la machine est supérieure à la vie, on ne voudrait plus vivre, et tout irait mieux. Cette fiévreuse circulation du sang, ce jeu variable de muscles et de fibres, avec combien d'avantages vous les remplaceriez, par ces belles machines de cuivre, qui font plaisir à voir, dans leur jeu si régulier de ressorts, de rouages et de pistons. »

Beaucoup font ce qu'ils peuvent pour approcher de cet idéal. S'ils y parvenaient, si la métamorphose s'opérait, on voit assez ce que deviendrait la vie.

Et la science, que deviendrait-elle ?

D'abord, il y aurait des sciences suspectes, d'autres

moins suspectes qu'on garderait pour soi, et comme instruments secrets. Les sciences mathématiques et physiques trouveraient grâce, comme machinisme et thaumaturgie; grâce pour un temps. Car après tout, ce sont des sciences; on leur ferait leur procès. L'astronomie, déjà condamnée avec Galilée, ne pourrait guère se défendre. L'Anti-Copernic, qu'on vend à la sortie du sermon, tuerait Copernic. On garderait peut-être les quatre règles? Et encore!

Il faudrait, pour les offices, conserver un peu de latin, mais point de littérature latine, sinon dans les éditions arrangées par les jésuites. La littérature et la philosophie moderne, à peu de chose près, ne sont qu'hérésies; elles seraient bannies en masse. Combien plus cet Orient, qui s'avise aujourd'hui d'apparaître au christianisme comme frère et sous formes chrétiennes! Hâtons-nous d'enfouir une telle science, et qu'on n'en parle jamais.

Plus de science. Un peu d'art suffit, un art dévot. Lequel pourtant et de quelle époque?... Le moyen âge est trop sévère. — Raphaël est trop païen. — Le Poussin est un philosophe. — Champagne est un janséniste. Heureusement, voici Mignard, et à sa suite une école d'aimables peintres pour peindre galamment les allégories, emblèmes et dévotions coquettes, nouvellement inventées... Un tel fond dispense de forme ; il suffirait des peintres ambulants qui décorent de tableaux burlesques les petites chapelles de Bavière et de Tyrol.

Que parlez-vous d'art, de peinture et de sculpture ? il y a un bien autre art, qui ne reste pas à la surface, mais va au dedans... Un art, qui prend la molle argile, une âme amollie, gâtée, corrompue, et qui, au lieu de la raffermir, la manie et la pétrit, lui ôtant le peu qui restait d'élasticité, et fait de l'argile une boue... Art merveilleux qui rend la pénitence si douce aux âmes malades, qu'elles veulent toujours avouer, parce qu'avouer ainsi, c'est pécher encore.

Cette douce casuistique, si elle n'était un peu louche, aurait quelque air de la jurisprudence, dont elle est la petite sœur bâtarde ; mais, en récompense, combien elle est plus aimable ! Celle-ci, renfrognée comme elle est, gagnerait fort à s'humaniser aux douceurs de l'autre ! Qui n'aimerait un Papinien mitigé par Escobar ? La justice finirait par avoir le cœur si bon qu'elle ne voudrait plus de son glaive ; elle le remettrait à ces pacifiques mains. Heureux changement, du droit à la grâce ! Le droit juge selon les mérites ; la grâce choisit, elle distingue et favorise ; il y aurait la loi pour les uns, et la grâce pour les autres, c'est juste le contraire du droit.

Nous voilà délivrés du droit, comme de l'art et de la science. Que reste-t-il? La religion!

Hélas! c'est elle justement qui est morte la première... Si elle eût vécu, tout pouvait encore se refaire, ou plutôt rien n'aurait péri. — Ce qui reste, c'est une machine qui joue la religion, qui contrefait l'adoration, à peu près comme en certains pays de l'Orient, les dévots ont des instruments qui prient à leurs places, imitant par un certain bruit monotone le marmottement des prières.

Nous voilà descendus bien bas, bien loin dans la mort... Il se fait de grandes ténèbres...

Où donc est, dans la nuit qui s'étend, celle qui avait promis de nous éclairer encore, sur les ruines des empires et des religions, où est la philosophie? Pâle lumière sans chaleur, au sommet glacé de l'abstraction, sa lampe est éteinte... Et elle croit vivre encore, et, sans voix ni souffle, elle demande pardon de vivre à la théologie qui n'est plus.

Réveillons-nous, tout ceci n'était qu'un rêve... Grâces soient rendues à Dieu!

Je revois le monde; il vit. Le génie moderne est toujours ce qu'il était. Ralenti peut-être un moment, il n'en est pas moins vivant, puissant, immense. C'est sa colossale hauteur qui l'a empêché jusqu'ici de faire attention aux clameurs d'en bas.

Il avait autre chose à faire lorsque d'une main il exhumait vingt religions, et de l'autre mesurait le ciel, lorsque chaque jour, comme autant d'étincelles, jaillissaient de son front des arts inconnus... Oui, il pensait à autre chose, et il est fort excusable de n'avoir pas compris que ceux-ci arrangeaient je ne sais quelle petite boîte pour y mettre le géant.

La sagesse du vieil Orient, profonde sous sa forme enfantine, nous conte qu'un malheureux génie fut mis dans un vase de bronze. Lui, rapide, immense, qui d'un tour d'aile atteignait les pôles, serré dans ce vase, et scellé d'un sceau de plomb, et le vase plongé au fond de la mer !

Au premier siècle, le captif jura que quiconque lui ouvrirait, il lui donnerait un empire. — Au second siècle, il jura qu'il donnerait ce qu'il y a de trésors au fond de la terre. — Au troisième siècle, il jura que si jamais il sortait, il sortirait comme une flamme, et qu'il dévorerait tout.

Qui donc êtes-vous, pour croire que vous allez sceller le vase, pour vous imaginer que vous tiendrez là le vivant génie de la France ? Est-ce que vous auriez pour cela, comme dans le conte oriental, le sceau du grand Salomon ? Ce sceau avait en lui une puissance, il portait écrit un nom ineffable que vous ne saurez jamais.

Il n'y a nulle main assez forte pour comprimer, non pas trois siècles, mais un instant, l'élasticité terrible d'un esprit qui soulève tout. Trouvez-moi à mettre dessus un roc assez lourd, une masse de plomb, d'airain... Mettez-y le globe plutôt, et il se trouvera léger. Si le globe pesait assez, si vous aviez clos toute issue et bien regardé autour, par telle fente que vous n'auriez pas vue, la flamme flamberait au ciel !

Terminons ici. Nous avons atteint le but de ce cours, étudié d'abord l'organisme vivant du vrai moyen âge, puis le machinisme stérile du faux moyen âge qui veut s'imposer à nous ; nous avons caractérisé, signalé, l'*esprit de mort* et l'*esprit de vie*.

Le professeur de morale et d'histoire avait-il le droit de traiter la plus haute question de l'histoire et de la morale ?

C'était non-seulement son droit, mais son devoir. Si quelqu'un en doutait, c'est qu'apparemment il ne saurait pas qu'ici, au plus haut degré de l'enseignement, la science n'est pas la science de ceci ou de cela, mais tout simplement la *science* absolue, complète, vivante; elle domine les intérêts de la vie, elle en repousse la passion, mais elle en prend la lumière; toute lumière lui appartient.

« Les questions du présent n'en sont-elles pas exceptées? » Mais qu'est-ce que le présent? Est-il si facile d'en isoler le passé? — Nul temps n'est hors de la science; l'avenir même lui appartient dans les études assez avancées pour qu'on puisse prédire le retour des phénomènes, comme on le peut dans les sciences physiques, comme on le pourra un jour (d'une manière conjecturale) dans les sciences historiques.

Ce droit, dont la chaire ecclésiastique s'est emparée si violemment pour l'attaque personnelle, la chaire laïque l'exercera ici pacifiquement, et avec la mesure que la diversité des temps pourrait demander.

S'il est au monde une chaire qui ait ce droit, c'est celle-ci; c'est là le droit de sa naissance, et ceux qui savent comment elle l'a payé, ne le lui disputeront pas.

Dans le terrible déchirement du seizième siècle, quand la liberté se hasarda à venir au monde, quand la nouvelle venue, froissée, sanglante, semblait à peine viable, nos rois, quoi qu'on pût dire contre elle, l'abritèrent ici.

Mais l'orage vint des quatre vents. La scolastique réclama, l'ignorance s'indigna, le mensonge souffla de la chaire de la vérité; bientôt le fanatisme en armes assiégea ces portes; il s'imaginait sans doute, le furieux fou! égorger la pensée, poignarder l'esprit!

Ramus enseignait ici. Le roi, c'était Charles IX, eut pourtant un noble mouvement, et lui fit dire qu'il avait un asile au Louvre. Ramus persista. Il n'y avait plus de libre en France que cette petite place, les six pieds carrés de la chaire... Assez pour une chaire, assez pour un tombeau !

Il défendit cette place et ce droit, et il sauva l'avenir... Il mit ici son sang, sa vie, son libre cœur... en sorte que cette chaire transformée ne fût jamais pierre ni bois, mais chose vivante.

Aussi ne vous étonnez pas si les ennemis de la liberté ne peuvent voir cette chaire en face; ils se troublent en la regardant, s'agitent sans le vouloir, et se trahissent par des cris inarticulés, des bruits sauvages qui n'ont rien de l'homme.

Ils savent qu'elle a gardé un don, c'est que, s'ils prévalaient un jour, si toute voix se taisait, elle parlerait d'elle-même... Nulle terreur du dehors ne lui imposa silence, ni 1572, ni 1793; elle parlait naguère pendant les émeutes, et continuait au bruit des fusillades, son ferme et paisible enseignement.

Comment donc se serait-elle tue, cette chaire de

morale, lorsque la plus grave question de morale publique lui venait vivante, et forçait pour ainsi dire les portes de cette école ?

J'aurais été bien indigne d'y parler jamais, lorsqu'on menaçait mes amis, sur tous les points de la France, et qu'on leur reprochait ma tradition et mon amitié. Pour être sorti de l'Université en entrant ici, je n'y reste pas moins de cœur. J'y suis par mon enseignement philosophique et historique, par tant d'années laborieuses que j'ai passées avec mes élèves, et qui seront toujours pour eux, pour moi, un cher souvenir...

Je leur devais, dans ce péril commun, de leur faire entendre encore une voix connue, de leur dire que, quoi qu'il arrive, il y aura toujours ici une protestation pour l'indépendance de l'histoire, qui est le juge des temps, et pour la plus haute des libertés de l'esprit humain, la philosophie.

Je sais qu'il est des gens qui, ne se souciant ni de philosophie ni de liberté, ne nous sauront nullement gré d'avoir rompu le silence... Gens paisibles, amis de l'ordre, qui n'en veulent point à ceux qu'on égorge, mais à ceux qui crient ; ils disent de leur fenêtre, quand on appelle au secours : Pourquoi ce bruit à heure indue ? Laissez dormir les honnêtes gens !

Ces dormeurs systématiques, cherchant un narcotique puissant, ont fait cet honneur à la religion de croire qu'elle était bonne à cela... Elle qui, si le monde était mort, pourrait le réveiller des morts, c'est elle justement qu'ils ont prise pour un moyen d'endormir.

Gens habiles en d'autres choses, mais fort excusables de ne rien connaître en religion, parce qu'ils n'en ont rien dans le cœur... Il n'a pas manqué de gens pour venir sur-le-champ leur dire : Nous sommes la religion !

La religion ! il est heureux que vous la rapportiez ici... Mais qui êtes-vous, bonnes gens ? et d'où venez-vous ? par où avez-vous passé ? La sentinelle de France ne veillait pas bien cette nuit à la frontière, car elle ne vous a pas vus.

Des pays qui font des livres, il nous était venu des livres, des littératures étrangères, des philosophies étrangères, que nous avions acceptés. Les pays qui ne font pas de livres, ne voulant pas être en reste, nous ont envoyé des hommes, une invasion de gens qui ont passé un à un.

Gens qui voyagez de nuit, je vous avais vus le jour; je ne m'en souviens que trop, et de ceux qui vous amenèrent : c'était en 1815; votre nom, c'est... l'*étranger*.

Vous avez pris soin heureusement de le prouver

tout d'abord. Au lieu de vous observer et de parler bas, comme on fait, quand on est entré par surprise, vous avez fait grand bruit, injurié et menacé. Et comme on ne répondait point, vous avez levé la main. sur qui, malheureux?... sur la loi!

Comment voulez-vous que cette loi, souffletée par vous, puisse faire encore semblant de ne pas vous voir?

Le cri d'alarme est poussé... Et qui osera dire que c'était trop tôt?

C'était trop tôt, quand, renouvelant ce qui ne s'était pas vu depuis trois cents ans, on employait la chaire sacrée à diffamer telle personne, à calomnier par-devant l'autel?

C'était trop tôt, lorsque, dans la province où il y a le plus de protestants, on touchait aux morts protestants!

C'était trop tôt, lorsqu'on formait des associations immenses, dont une seule à Paris compte cinquante mille personnes!

Vous parlez de liberté? Parlez donc d'égalité! Est-ce qu'il y a égalité entre vous et nous?... Vous êtes les meneurs d'associations formidables; nous des hommes isolés.

Vous avez quarante mille chaires que vous faites parler de gré ou de force; vous avez cent mille confessionnaux d'où vous remuez la famille; vous tenez dans la main ce qui est la base de la famille (et du monde!), vous tenez la MÈRE : l'enfant n'est qu'un accessoire... Eh! que ferait le père quand elle rentre éperdue, qu'elle se jette dans ses bras en criant : « Je suis damnée! » Vous êtes sûr que le lendemain il vous livrera son fils.... Vingt mille enfants dans vos petits séminaires! deux cent mille tout à l'heure dans les écoles que vous gouvernez! des millions de femmes qui n'agissent que par vous!

Et nous, qu'est-ce que nous sommes, en face de ces grandes forces? une voix et rien de plus... une voix pour crier à la France... Elle est avertie maintenant, qu'elle fasse ce qu'elle voudra. Elle voit et sent le réseau où l'on croyait la prendre endormie.

A tous les cœurs loyaux une dernière parole! A tous, laïques ou prêtres (et puissent ceux-ci entendre une voix libre du fond de leur servage!) : qu'ils nous aident de leur courageuse parole ou de leur sympathie silencieuse, et que tous ensemble bénissent, de leurs cœurs et de leurs autels, la sainte croisade que nous commençons pour Dieu et la liberté!

Depuis le jour où ces paroles furent prononcées (1ᵉʳ juin), la situation a changé. Les Jésuites ont publié à Lyon leur second pamphlet[1]. *Pour comprendre la portée de celui-ci, il faut reprendre de plus haut.*

Il y aurait tout un livre à faire sur leurs manœu-

---

[1] Cette fois, ce n'est plus un chanoine, c'est un curé qui signe. L'appel de la presse au clergé inférieur avait fort alarmé ; dans le nouveau pamphlet, on se hâte de composer avec lui ; des deux choses que les curés desservants demandent (*l'inamovibilité* et les *tribunaux*), on accorde l'inamovibilité qui isolerait les curés de l'évêché ; mais on craint les tribunaux, qui, tout en limitant le pouvoir de l'évêque, le fortifierait en effet, et ferait de l'évêché un gouvernement régulier, au lieu d'une tyrannie faible, violente, odieuse au clergé, et partant obligée de s'appuyer sur les jésuites et sur Rome. V. *Simple coup-d'œil*, p. 170-178.—Partout la main des jésuites est reconnaissable ; personne ne s'y trompera, j'en donnerais au besoin une foule de preuves. On vient de voir avec quelle facilité ils font la paix avec les curés aux dépens de l'évêque ; ils conviennent qu'après tout : « L'évêque est homme, etc. » — Ils parlent de tous les États de l'Europe, excepté de ceux qui sont gouvernés par les jésuites ; ceux-là, ils les nomment à peine, et il en est qu'ils ne nomment point.— « Ce terme de jésuite, *si honorable* partout, p. 85. » Personne en France, pas même un jésuite, n'eût écrit cela ; il faut que le livre ait été fait en Savoie ou à Fribourg.

vres depuis quelques mois, sur leur stratégie en Suisse et en France.

Le point de départ, c'est leur grand succès d'hiver, d'avoir si vivement emporté les Petits cantons, saisi Lucerne, occupé le Saint-Gothard, comme ils ont fait dès longtemps pour le Valais et le Simplon.

Grandes positions militaires. Mais gare au vertige!... La France, vue du haut de ces Alpes, leur aura semblé petite, plus petite apparemment que le lac des Quatre cantons.

Des Alpes à Fourvières, et de Fourvières à Paris, les signaux se sont répondu. Le moment semblait heureux... La bonne France dormait, ou elle avait l'air de dormir. Ils s'écrivaient les uns aux autres (comme autrefois les juifs de Portugal) : « Venez vite, la terre est bonne, la gente est sotte, tout sera à nous. »

Depuis un an, ils nous tâtaient, et ils ne trouvaient point la limite de notre patience... Provocations aux individus, injures au gouvernement. Et rien ne bougeait... Ils frappaient, mais pas un mot... Ils en étaient à chercher sur l'épiderme endurcie quelque point sensible encore.

Alors, alors, ils ont pris un courage extraordinaire;

ils ont jeté le bâton, pris l'épée, la grande épée à deux mains, et de cette arme gothique ils ont déchargé un coup, le grand coup du Monopole.

La dignité de l'Université ne lui a pas permis de répondre... D'autres ont fait face, la presse aidant, et devant l'acier la fameuse épée à deux mains, s'est trouvée n'être qu'un sabre de bois...

Grand effroi alors, vive reculade, et ce mot d'une peur naïve ; « Hélas ! comment nous tueriez-vous ? nous n'existons pas ! »

« Mais alors, qui donc aura fait votre gros libelle ? » — Ah! monsieur, c'est la police *qui nous a joué ce tour... Non,* c'est l'Université, qui, pour nous perdre, a eu la noirceur de se diffamer elle-même [1]. »

Cependant, revenant peu à peu de la première peur, sentant bien qu'ils n'étaient pas morts, et tournant la tête, ils virent que personne ne courait après eux.. Alors, ils se sont arrêtés, ils ont tenu ferme, ils ont de nouveau dégaîné...

Donc, nouveau libelle, mais tout autre que le pre-

---

[1] Il est certain (tout étrange que cela pourra paraître) qu'ils fesaient dire ces sottises dans la première alarme ; c'était une vieille femme, un bédeau, un donneur d'eau bénite, qui disait cela à l'oreille.

mier, plein d'aveux étranges que personne n'attendait... Il peut se résumer ainsi :

« *Apprenez à nous connaître, et sachez d'abord que dans notre premier livre, nous avions menti... Nous parlions de liberté d'enseignement... Cela voulait dire que le clergé doit seul enseigner* [1]. *Nous parlions de liberté de la presse... pour nous seuls.* « *C'est un levier dont le prêtre doit s'emparer* [2]. » *Quant à la liberté industrielle,* « *S'emparer des divers genres d'industrie, c'est un devoir de l'Église* [3]. » — *La liberté des cultes ! n'en parlons pas ! C'est une invention de Julien l'Apostat... Nous ne souffrirons plus de mariages mixtes ! On faisait de tels mariages, à la cour de Catherine de Médicis, la veille de la Saint-Barthélemi* [4] *!* »

[1] L'enseignement appartient au clergé de droit divin... l'Université a usurpé... Il faut que l'Université ou le catholicisme cède la place, etc. p. 104.

[2] *S'emparer de la presse,* ne veut pas dire simplement *user de la presse,* puisque les auteurs avouent leurs efforts pour *empêcher* la vente des livres protestants (p. 81, note).

[3] *Ibidem,* p. 191. Si l'on veut savoir ce que l'industrie deviendrait sous une telle influence, il faut voir la misère de la plupart des pays où elle domine ; celui où elle règne sans partage, l'état romain, c'est le désert.

[4] Le jésuite qui a écrit les p. 82-85, et surtout la note de la p. 83, est un homme d'avenir ; il est encore jeune et ignorant, cela est visible, mais il y a en lui du Jacques Clément et du Marat.

Ces pages, plus violentes que tout ce qu'on a condamné dans les

« Qu'on y prenne garde! Nous sommes les plus forts. Nous en donnons une preuve surprenante, mais sans réplique, c'est que toutes les puissances de l'Europe sont contre nous[1]*... Sauf deux ou trois petits états, le monde entier nous condamne! »*

Chose étrange que de tels aveux leur soient échappés! Nous n'avons rien dit de si fort!... Nous remarquions bien dans le premier pamphlet des signes d'un esprit égaré ; mais de tels aveux, un tel démenti donné par eux-mêmes aujourd'hui à leurs paroles d'hier !... Il y a là un terrible jugement de Dieu... Humilions-nous.

Voilà ce que c'est que d'avoir pris en vain le saint nom de la Liberté. Vous avez cru que c'était un mot qu'on pouvait dire impunément, quand on ne l'a pas dans le cœur... Vous avez fait de furieux efforts pour arracher ce nom de votre poitrine; et il vous est

---

plus violents pamphlets politiques, semblent combinées pour exaspérer le fanatisme des paysans du midi. C'est pour le midi seul que le livre est écrit ; on n'en a pas envoyé un seul exemplaire à Paris. —Dans la note, le belliqueux jésuite passe la revue de ses forces, et il finit par cette phrase sinistre : « Au XVIe SIÈCLE, A LA COUR DE CATHERINE DE MÉDICIS, ON FIT AUSSI DES MARIAGES HUGUENOTS.... et ils aboutirent à la guerre civile. » *Simple coup-d'œil*, etc., p. 83.

[1] Ils emploient un bon tiers du livre à le prouver.

advenu comme au faux prophète Balaam, qui maudit, croyant bénir; vous vouliez mentir encore, vous vouliez dire Liberté! comme dans le premier pamphlet, et vous dites: Meure la liberté! *Tout ce que vous avez nié, vous le criez aujourd'hui devant les passants.*

1ᵉʳ juillet 1843.

LEÇONS
DE M. QUINET.

L'émotion causée par une simple discussion philosophique ne peut être rapportée à personne en particulier; cette impression n'a été vive que parce qu'elle a manifesté, avec une situation nouvelle des esprits, un danger auquel il eût été, sans cela, difficile de croire. Qui ne voit désormais que ces débats sont destinés à grandir? ils sortiront de l'enceinte des écoles; ils entreront dans le monde politique; rien n'est inutile de ce qui peut servir à marquer dès l'origine leur véritable caractère.

Pour que je sois entré dans cette discussion, il a fallu deux choses; premièrement que j'y fusse provoqué par la violence réitérée, secondement que je fusse persuadé que ce qui était en litige, c'était, sous l'apparence de l'Université, le droit de la pensée, la liberté religieuse et philosophique, c'est-à-dire le principe même de la science et de la société moderne.

Après s'être servis de la violence autant qu'ils l'ont

pu, les adversaires de la pensée jouent aujourd'hui le rôle de martyrs ; ils prient publiquement dans les églises pour les jésuites persécutés ; c'est là un masque qu'il nous est impossible de leur laisser. Que ne se contentaient-ils de calomnier ! Jamais, pour ma part, je n'eusse songé à troubler leur paix ; mais cela ne leur a pas suffi ; ils voulaient le combat ; aujourd'hui qu'ils l'ont obtenu, ils se plaignent d'avoir été lésés. Pendant quelques jours, il nous a été donné de voir, au pied de nos chaires, nos modernes ligueurs criant, sifflant, vociférant ; le pis est que tout cela se passait au nom de la liberté ; pour le plus grand avantage de l'indépendance des opinions, on commençait par étouffer l'examen des opinions.

On faisait, peu à peu, de l'enseignement et de la science une place bloquée ; nous avons attendu que l'outrage vînt nous y assaillir pour qu'il fût bien démontré qu'il était nécessaire de reporter l'attaque chez les assaillants. Le jour où nous avons commencé la lutte, nous nous sommes décidés à l'accepter sous toutes les formes où elle pourrait se montrer.

Une chose m'a rendu cette tâche facile ; c'est le sentiment qu'une telle situation n'avait rien de personnel. Depuis longtemps on voyait, en effet, un fanatisme artificiel exploiter des croyances sincères ;

la liberté religieuse, dénoncée comme un *dogme impie*; le protestantisme poussé à bout par des outrages sans nom; les pasteurs d'Alsace, obligés de calmer, par une déclaration collective, leurs communes étonnées de tant de sauvages provocations; un incroyable arrêté, obtenu par surprise, qui enlevait plus de la moitié des églises de campagne aux légitimes possesseurs; un prêtre qui, assisté de ses paroissiens, jette au vent les os des Réformés, et cette impiété insolemment impunie; le buste de Luther honteusement arraché d'une ville luthérienne; la guerre latente, organisée dans cette sage province, et la tribune qui se tait sur de si étranges menées; d'autre part, les jésuites deux fois plus nombreux sous la révolution qu'ils n'étaient sous la restauration, avec eux les maximes du corps qui reparaissent aussitôt, d'indicibles infamies que Pascal n'aurait pas même osé montrer pour les combattre, et que l'on revendique comme la pâture de tous les séminaires et de tous les confesseurs de France; les évêques qui se retournent l'un après l'autre contre l'autorité qui les choisit, et malgré tant de trahisons, une facilité singulière à s'en attirer de nouvelles; le bas clergé, dans une servitude absolue, nouveau prolétariat qui commence à s'enhardir jusqu'à la plainte; et, au milieu de ce concours de choses, quand on devrait ne songer qu'à se défendre, une ardeur maladive de provocation, une fièvre de calomnie que l'on sanctifie par la croix ; voilà quelle était la situation générale.

Le terrain était, d'ailleurs, bien préparé ; on travaillait depuis plusieurs années la société en haut, en bas, dans les ateliers, dans les écoles, par le cœur et par la tête. L'opinion semblait s'affaisser en toute occasion. Accoutumée à reculer, pourquoi ne ferait-elle pas encore un dernier pas en arrière ? Dès le premier mot, le Jésuitisme s'était trouvé naturellement d'accord avec le Carlisme dans un même esprit de ruse et de décrépitude fardée ; ce que Saint-Simon appelle *cette écume de noblesse* n'avait pu manquer de se mêler à ce levain. Quant à une partie de la Bourgeoisie, appliquée à contrefaire un faux reste d'aristocratie, elle était tout près de considérer comme une marque de bon goût, l'imitation de la caducité religieuse, littéraire et sociale.

Ainsi ménagé, le moment semblait bon pour surprendre ceux que l'on croyait endormis. On avait très-bien senti qu'après tant de déclamations, ce serait un coup important d'écraser la parole et l'enseignement au Collége de France. Ce que l'on aurait obtenu par un coup de main, on l'eût aussitôt présenté comme le résultat de l'opinion soulevée ; il valait la peine de sortir des catacombes et de se manifester publiquement. On s'est montré, en effet, et pour se repentir aussitôt; car si les projets étaient violents, nous sentions, de notre côté, l'importance du moment; nous comptions, pour résister, non sur la force de notre parole, mais sur notre volonté de ne rien céder, et sur la conscience éclairée de notre auditoire. Tout ce que la frénésie ou sincère ou jouée a pu faire, a été de couvrir quelque temps notre voix, pour donner au sentiment public l'occasion d'éclater; après quoi ces nouveaux missionnaires de la liberté religieuse se sont retirés, la rage dans le cœur, honteux de s'être trahis au grand jour, et prêts à se renier, comme, en effet, ils se sont reniés dès le lendemain.

Cette défaite est due tout entière à la puissance de l'opinion, à celle de la presse, à la loyauté de la génération nouvelle qui ne peut rien comprendre à tant d'artifices. Que les mêmes folies recommencent, nous retrouverons demain le même appui. La question, à certains égards, ne nous regarde plus; reste à savoir ce que prétend faire le pouvoir politique dès qu'il la rencontrera. Il serait assez commode de s'asseoir dans les deux camps, d'attaquer l'ultramontanisme d'une main, de le flatter de l'autre ; mais cette situation est périlleuse. Il faudra se prononcer. Ce n'est pas moi qui nierai la force du jésuitisme et des intérêts qui s'y rattachent. Cette tendance ne fait que commencer ; à petit bruit, elle gagne dans les ténèbres ce qu'elle perd en plein jour. On peut donc s'y associer; on peut tenter d'appuyer au moins un pied du trône sur ce terrain. Si par hasard la coalition est sincère, elle sera puissante. Seulement, il conviendrait de l'avouer ; sinon, il pourrait arriver qu'à la fin, pour prix de trop d'habileté, on tournât contre soi les ultramontains et ceux qui les combattent.

Il est étrange que de pareilles questions aient pu surprendre la société, sans que la tribune ait averti personne. Elle était, sous la restauration, un lieu d'où l'on apercevait de loin les signes de tempête. On prémunissait de là le pays sur les dangers longtemps avant qu'ils fussent imminents. Pourquoi la tribune a t-elle perdu ce privilège ? Je commence à craindre que ces quatre cents hommes d'état ne se cachent les uns aux autres le pays qu'ils habitent.

Ceci est plus sérieux que beaucoup de personnes ne pensent. C'est l'affaire d'un trône et d'une dynastie. Je sais des hommes qui s'en vont chaque jour, disant : Il n'y a pas de jésuites. Où sont les jésuites? En dissimulant la question, ceux-là montrent qu'ils en connaissent mieux que les autres toute la portée.

La réaction religieuse que l'on voudrait faire tourner au profit d'une secte n'est pas, en effet, sans raison dans la société. Où est l'homme que l'on n'ait, comme à plaisir, dégoûté des intérêts et des espérances politiques? En voyant depuis douze ans, ce que l'on appelle les chefs de parti mettre tout leur talent à ménager mutuellement leurs masques en public, quel est celui qui n'a pas un moment pris en dédain cette corruption changée en routine, et qui n'ait reporté son esprit vers celui-là seul qui ne ruse pas, qui ne fraude pas, qui ne ment pas? Cette disposition religieuse est inévitable. Elle sera féconde et salutaire. Par malheur, tout le monde s'empresse déjà de spéculer sur un pareil retour : il en est même qui avouent que ce Dieu restauré pourrait bien être un excellent *instrument* pour le pouvoir actuel. Quelle bonne fortune, en effet, pour plus d'un homme d'état, si cette France, fière, guerrière, révolutionnaire, philosophique, lasse enfin de tout et d'elle-même, consentait, sans plus de ferveur politique, à dire son chapelet dans la poussière, à côté de l'Italie, de l'Espagne, et de l'Amérique du Sud !

On nous dit : Vous attaquez le jésuitisme par mesure de prudence. Pourquoi le séparez-vous du reste du clergé? Je ne sépare que ce qui veut être séparé. J'expose les maximes de l'ordre qui résume les combinaisons de la religion politique. Ceux qui, sans porter le nom de l'ordre, trempent dans les mêmes maximes, s'attribueront aisément dans mes paroles la part qui leur revient; à l'égard des autres l'occasion leur est offerte de renier les ambitieux, de ramener les égarés, de condamner les calomniateurs.

Il est temps de savoir, à la fin, si l'esprit de la révolution française n'est plus qu'un mot banal dont il faut publiquement et officiellement se jouer. Le catholicisme, en se plaçant sous la bannière du jésuitisme, veut-il recommencer une guerre qui, déjà, lui a été funeste? Veut-il être l'ami ou l'ennemi de la France?

Ce qu'il y aurait de pis pour lui, serait de s'obstiner à montrer que sa profession de foi est, non-seulement différente, mais ennemie de la profession de foi de l'Etat. Dans ses institutions fondées sur l'égalité des cultes existants, la France professe, enseigne l'unité du christianisme, sous la diversité des églises particulières. Voilà sa confession, telle qu'elle est écrite dans la loi souveraine; tous les Français appartiennent légalement à une même église sous des noms différents; il n'y a ici désormais[1] de schismatiques et d'hérétiques que ceux qui, niant toute autre église que la leur, toute autre autorité que la leur, veulent l'imposer à toutes

[1] Voyez l'appendice.

les autres, rejeter toutes les autres, sans discussion, et osent dire : Hors de mon église, il n'y a point de salut, lorsque l'Etat dit précisément le contraire. Ce n'a pas été un pur caprice, si la loi a brisé la religion de l'Etat. La France ne pouvait adopter pour la représenter, l'ultramontanisme qui, par son principe d'exclusion, est diamétralement l'opposé du dogme social et de la communauté religieuse, inscrits dans la constitution comme le résultat, non-seulement de la révolution, mais de toute l'histoire moderne. D'où il suit que, pour que les choses soient autrement, il faut de deux choses l'une, ou que la France renie sa communion politique et sociale, ou que le catholicisme devienne véritablement universel, en comprenant enfin ce qu'il se contente de maudire.

Ceux qui entrevoient les choses de plus loin ont, il faut l'avouer, une singulière espérance; ils observent le travail qui s'accomplit dans les cultes dissidents; en remarquant les agitations intestines de l'Eglise anglicane, grecque et du protestantisme allemand, ils s'imaginent que l'Angleterre, la Prusse, l'Allemagne, la Russie même, inclinent en secret de leur côté, et vont un jour, les yeux fermés, passer au catholicisme, tels qu'ils l'entendent. Rien, au fond, de plus puéril qu'une semblable imagination. Supposer que le schisme n'est qu'une fantaisie de quatre-vingt-dix millions d'hommes, qui va cesser par une nouvelle fantaisie d'orthodoxie, c'est une sorte de folie chez ceux qui prétendent posséder seuls la confidence de la Providence dans le gouvernement de l'histoire. Si le protestantisme s'accommode de certains points de la doctrine catholique, se persuade-t-on en réalité que ce soit simplement pour se renier et se livrer, sans conditions réciproques? Il s'assimile, cela est vrai, diverses parties de la tradition universelle; mais, par ce travail de conciliation, il fait absolument l'opposé de ceux qui parmi nous ne songent qu'à exclure, interdire, anathématiser. Il s'agrandit à mesure que les nôtres se rappetissent; et si jamais la conversion s'opérait, je prédis à nos ultramontains qu'ils seront plus embarrassés des convertis qu'ils ne le sont aujourd'hui des schismatiques.

Ils demandent la liberté pour tuer la liberté. Accordez-leur cette arme, je ne m'y oppose pas; elle ne tardera pas à se retourner contre eux. Ouvrez-leur, si vous voulez, toutes les barrières; c'est le moyen de mieux trancher la question, et ce moyen ne me déplaît pas. Qu'ils soient partout; qu'ils envahissent tout; après quoi dix ans ne se passeront pas sans qu'ils soient chassés pour la quarantième fois avec le gouvernement qui aura été ou qui seulement aura semblé être leur comp'ice; c'est à vous de savoir si c'est là ce que vous voulez faire.

Dans cette lutte que l'on prétend réveiller à tout prix entre l'ultramontanisme et la révolution française, pourquoi le premier est-il toujours et nécessairement vaincu? parce que la révolution française, dans son principe, est plus véritablement chrétienne que l'ultramontanisme, parce que le sentiment de la religion universelle est désormais plutôt en France qu'à Rome. La loi sortie de la révolution française a été assez large pour faire vivre d'une même vie ceux que les partis religieux tenaient séparés à l'extérieur. Elle a concilié en esprit et en vérité ceux que l'ultramontanisme voulait diviser éternellement ; elle a fait des frères de ceux dont il faisait des sectaires; elle a relevé ce qu'il condamne; elle a consacré ce qu'il proscrit; où il ne veut que l'anathème de l'ancienne loi, elle a mis l'alliance de l'Evangile; elle a effacé les noms de huguenots et de papistes pour ne laisser subsister que celui de chrétiens; elle a parlé pour les peuples et pour les faibles, quand il ne parlait que pour les princes et les puissants. C'est-à-dire, que la loi politique, toute imparfaite qu'elle puisse être, s'est trouvée à la fin plus conforme à l'Evangile que les docteurs qui prétendent parler seuls au nom de l'Evangile. En rapprochant, confondant, unissant dans l'Etat les membres opposés de la famille du Christ, elle a montré plus d'intelligence, plus d'amour, plus de sentiment chrétien que ceux qui depuis trois siècles ne savent que dire Racca à la moitié de la chrétienté.

Tant que la France politique conservera cette position dans le monde, elle sera inexpugnable à tous les efforts de l'ultramontanisme, puisque, religieusement parlant, elle lui est supérieure ; elle est plus chrétienne que lui puisqu'elle est plus près que lui de l'unité promise ; elle est plus catholique que lui, puisqu'encore une fois son principe plus étendu, rassemble le grec et le latin, le luthérien et le calviniste, le protestant et le romain, dans un même droit, un même nom, une même vie, une même cité d'alliance. La France a placé la première son drapeau, hors des sectes, dans l'idée vivante du christianisme. C'est la grandeur de la révolution ; elle ne sera précipitée que si, infidèle à ce dogme universel, elle rentre comme quelques personnes l'y invitent dans la politique sectaire de l'ultramontanisme. Mais, pour appuyer tant d'orgueil, que l'on me montre au moins un seul point de la terre où la politique étroitement catholique, ne soit battue et renversée par les faits. En Europe, en Orient, dans les deux Amériques, il suffit de lever cette bannière pour que la décadence physique et morale s'ensuive tout aussitôt. Quand la France, au commencement du siècle, a dominé le monde, était-ce au nom de l'ultramontanisme ? est-ce du moins lui qui l'a vaincue ? Ce n'est pas même le drapeau de l'Autriche qui ne déchaîne son église que loin d'elle pour achever les provinces conquises. L'Italie, l'Espagne, le Portugal, le Paraguay, la Pologne, l'Irlande, la Bohême ; tous ces peuples perdus à la suite de la même politique, est-ce leur sort qui vous fait envie ? parlons franchement. Voilà assez d'holocaustes sur un autel qui ne sauve plus personne.

Ire LEÇON.

DE LA LIBERTÉ DE DISCUSSION EN MATIÈRE RELIGIEUSE.
[10 mai 1843[1].]

Diverses circonstances m'obligent de m'expliquer sur la manière dont je comprends l'exercice de la liberté de discussion dans l'enseignement public. Je veux le faire avec mesure, avec calme, mais avec la franchise la plus entière. Tant que les attaques sont parties de points éloignés, même sous l'anathème des mandements et des chaires sacrées, il a été permis et peut-être convenable de se taire ; mais lorsque l'injure vient se produire en face, dans l'intérieur de ces enceintes, au pied même de ces chaires pacifiques, il faut parler.

[1] On a marqué les signes de sympathie de l'auditoire, tant que l'on a eu à constater des tentatives de désordres.

Je suis averti que des scènes de désordres sont préparées et doivent éclater aujourd'hui à mon cours. (*Ricanements, applaudissements.*) Je n'ajouterais aucune confiance à cette nouvelle, si, par ce qui vient de se passer à la leçon d'un homme dont je partage tous les sentiments, de mon ami le plus cher, M. Michelet, je n'étais éclairé sur l'espèce de liberté qu'on veut nous faire. Est-il vrai que quelques personnes viennent ici seulement pour nous outrager *incognito*, dans le cas où nous nous hasarderions à penser autrement qu'elles ne pensent? Mais où sommes-nous? Est-ce sur un théâtre, et depuis quand suis-je condamné, pour ma part, à complaire individuellement à chacun des spectateurs, sous peine d'infamie? C'est là, en vérité, une tâche sordide que je n'ai point acceptée. Se figure-t-on un enseignement qui consisterait à flatter chacun dans son idée dominante, sans jamais heurter une passion ni un préjugé! Mieux vaudrait cent fois se taire. En entrant ici, souvenons-nous que nous entrons au collége de France, c'es-à-dire dans l'asile par excellence de la discussion et du libre examen; que ce dépôt de liberté nous est confié aux uns comme aux autres, et que c'est un devoir sacré pour moi de ne laisser décroître ni altérer ce caractère d'indépendance héréditaire.

S'il est ici quelques personnes animées contre moi d'un esprit particulier de haine, que me veulent-elles, que me demandent-elles? Espèrent-elles par la menace détourner mes paroles ou me fermer la bouche? Je craindrais bien plutôt le contraire, si la conscience du devoir que je remplis ne me donnait la force de persévérer dans cette modération que je crois être le signe de la vérité. Pensent-elles, puisqu'il faut parler à découvert, que tant d'injures répandues me désespèrent, et que je n'ai rien de plus pressé que d'user de représailles? En cela, elles se trompent; j'irai même jusqu'à dire que la violence des injures est pour moi un signe de sincérité, puisqu'avec un peu plus de calcul elles eussent été mieux choisies. Les opinions que j'ai publiées au dehors, est-ce là ce que l'on vient poursuivre ici? Je ne suis pas fâché d'avoir occasion de le déclarer: tout ce que j'ai écrit jusqu'à ce jour, je le crois, je le pense, je le soutiens encore; quelque opinion qu'on se forme à cet égard, ce que personne ne me contestera, c'est d'être resté un et conséquent avec moi-même. Est-ce l'esprit général de liberté dans les matières religieuses? Bientôt j'arriverai à ce point; mais si l'on attend une profession de foi, je crois, comme l'enseigne l'État dans la loi fondamentale sortie de cinquante années de révolutions et d'épreuves, je crois qu'il y a de l'esprit vivant de Dieu dans toutes les communions sincères de ce pays ; je ne crois pas que, hors de mon église, il n'y ait pas de salut. Enfin, est-ce la manière dont j'ai dernièrement annoncé le sujet de ce cours ? Mais vous en avez été témoins, était-il possible de le faire avec moins d'aigreur et plus de mesure ? C'est donc le sujet lui-même que l'on voudrait étouffer. Oui, soyons francs, c'est ce nom de *jésuites* qui fait tout le mal ; toucher à l'origine, à l'esprit des jésuites, voilà, même avant que j'aie ouvert la bouche, ce dont m'accusent des gens qui ne pardonnent pas.

Pourquoi, dit-on, parler de la *Société de Jésus* dans un cours de littérature méridionale ? Quel rapport ces choses si diverses ont-elles l'une avec l'autre ? Je serais bien malheureux et j'aurais étrangement perdu mon temps si vous n'aviez pas déjà saisi dans toute son étendue cette relation indissoluble. A la fin du seizième siècle, en Espagne, en Italie surtout, l'esprit public achève de s'effacer. Les écrivains, les poëtes, les artistes disparaissent les uns après les autres ; au lieu de la génération ardente, audacieuse, qui avait précédé, les hommes nouveaux s'assoupissent sous une atmosphère de mort ; ce ne sont plus les héroïques innovations des Campanella, des Bruno : c'est une poésie mielleuse, une prose insipide qui répand comme une fade odeur de sépulcre. Mais, pendant que tout meurt dans le génie national, voici une petite société, celle des jésuites, qui grandit à vue d'œil, qui s'insinuant partout dans ces états défaillants, se nourrit de ce qui reste de vie dans le cœur de l'Italie, qui s'accroît et s'alimente de la substance de ce grand corps partagé ; et lorsqu'un phénomène aussi grand se passe dans le monde, qu'il domine tous les autres faits intellectuels, et qu'il en est le principe, il faudrait n'en pas parler ! Lorsque je rencontre immédiatement, dans mon sujet, une institution si puissante qui réagit sur chaque esprit, qui comprend, résume tout le système du Midi, il faudrait passer et détourner les yeux ! Que reste-t-il donc à faire ? Se renfermer dans l'étude de quelques sonnets et dans la mythologie galante de ces temps de décadence ? je le veux bien ; malgré cela, nous n'échapperons pas à la question. Car, après avoir étudié ces misères, il restera toujours à faire connaître l'influence délétère qui en a été un des principes manifestes; et toute la différence, en ajournant la question du jésuitisme, sera d'intervertir l'ordre, et de placer à la fin ce qui devrait être au commencement ; l'étude de la mort des peuples, si on en cherche la cause, est aussi importante que l'étude de leur vie.

Du moins, ajoute-t-on, ne pourriez-vous pas montrer l'effet sans la cause, les lettres et la politique sans l'esprit qui les domine, l'Italie sans le jésuitisme, le mort sans le vivant? Non, je ne le peux pas, et de plus je ne le veux pas.

Eh! quoi, je verrai, par une observation attentive, l'Europe du Midi se consumer dans le développement et la formation de cet établissement, languir, s'éteindre sous cette influence ; et moi, qui m'occupe ici spécialement des peuples du Midi, je ne pourrai rien dire de ce qui les fait périr! (*Murmures*). Je verrai tranquillement mon pays convié à une alliance que d'autres ont si chèrement payée, et je ne pourrais dire : Prenez garde! d'autres ont fait l'expérience pour vous; les peuples qui sont le plus malades en Europe, ceux qui ont le moins de crédit, d'autorité, ceux qui semblent le plus abandonnés de Dieu, sont ceux où la société de Loyola a son foyer ! (*Murmures, trépignements, cris, la parole est couverte pendant quelques minutes.*) Ne vous laissez pas aller à cette pente, l'exemple montre qu'elle est funeste; n'allez pas vous asseoir sous cette ombre; elle a endormi et empoisonné pendant deux siècles l'Espagne et l'Italie. (*Tumulte, cris, sifflets, applaudissements.*) — Je vous le demande, si de ces faits généraux je ne peux tirer la conséquence, que devient tout enseignement réel en de pareilles matières ?

Mais voici où mon étonnement redouble. Pour quel ordre, pour quelle société réclame-t-on cet étrange privilége ? qui veut-on mettre ici hors des atteintes de la discussion, de l'observation ? Est-ce au moins, par hasard, le clergé vivant de France ? est-ce encore une de ces communions pacifiques et modestes qui ont besoin d'être protégées contre les violences d'une majorité intolérante ? Non, c'est une société qui (nous verrons plus tard si ce fut à tort ou avec raison) a été, à différentes époques, expulsée de tous les états de l'Europe, que le pape lui-même a condamnée, que la France a rejetée de son sein, qui n'existe pas aux yeux de l'État, ou qui plutôt est tenue pour morte légalement dans le droit public de notre pays ; et c'est ce débris sans nom, qui se cache, se dérobe, grandit en se reniant, c'est là ce qu'il n'est pas permis d'étudier, de considérer, d'analyser dans ses origines et son passé ! On avoue que tous les autres ordres ont eu leur temps de déclin, de corruption, qu'ils ont été accommodés, dans leur esprit, à une époque particulière, après laquelle ils ont dû céder à d'autres, à peu près comme les sociétés politiques, les états, les peuples, qui tous ont leur jour et leur destinée marqués; et la société jésuitique est la seule dont on ne puisse sans une sorte de péril montrer les misères, marquer les phases de déclin, les signes de décrépitude; c'est un blasphème que d'opposer ses temps de misère à ses temps de grandeur, puisque c'est lui attribuer les vicissitudes communes à tous les autres établissements; douter de son immutabilité, c'est presque un effort de courage. Où allons-nous par ce chemin? est-il bien sûr que ce soit le chemin de la France de juillet? (*Applaudissements.*)

Pourtant je dirai toute ma pensée. Oui, dans cette audace il y a quelque chose qui me plaît et m'attire; il me semble en ce moment que je comprends, que je relève la grandeur de cette société mieux que ne le font tous ses apologistes; car ils voudraient que je n'en parlasse pas; et moi je prétends, au contraire, que cette société a été si puissante, son organisation si ingénieuse et si vivace, son influence si longue et si universelle, qu'il est impossible de n'en pas parler, quelque chose que l'on traite à la fin de la renaissance, poésie, art, morale, politique, institutions; je soutiens qu'après s'être emparée de la substance de tout le Midi, elle est restée pendant un siècle seule vivante au sein de ces sociétés mortes. En ce moment même, partagée en lambeaux, foulée, écrasée par tant d'édits solennels, ressusciter sous nos yeux, se relever à demi, à peine sortie de la poussière déjà parler en maître, provoquer, menacer, défier de nouveau l'intelligence et le bon sens, cela n'est pas d'un petit génie et d'un mince courage. Si le monde, après les avoir extirpés, est d'humeur de se laisser ressaisir par eux, ils font bien de l'essayer; s'ils y réussissent, ce sera le plus grand miracle du monde moderne. Dans tous les cas, ils suivent leur loi, leur condition d'existence, leur destinée; je ne les en blâme pas; ils obéissent à leur caractère. Tout ira bien si, d'un autre côté, chacun reste dans le sien. Oui, cette réaction, malgré l'intolérance dont elle se vante, ne me déplaît pas; elle profitera à l'avenir, si tout le monde fait son devoir, c'est-à-dire si la science, la philosophie, l'intelligence humaine, provoquée, sommée, acceptent enfin ce grand défi. Peut-être étions-nous près de nous endormir sur la possession d'un certain nombre d'idées que plusieurs ne songeaient plus à accroître; il est bon que la vérité soit de temps en temps disputée à l'homme, cela le pousse à en acquérir de nouvelles; s'il n'a rien à craindre sur son héritage, non-seulement il ne l'augmente pas, mais il le laisse décroître. Ils nous accusent d'avoir été trop hardis; j'accepterai une partie du reproche; seulement je dirai qu'au lieu d'avoir été trop hardis, je commence à craindre que nous n'ayons été trop timides. Comparez, en effet, un moment l'enseignement dans notre pays et l'enseignement dans les universités des gouvernements despotiques du Nord. N'est-ce pas dans un pays catholique, dans une université catholique, à Munich, que Schelling a développé pendant trente ans impunément, dans sa chaire, avec une audace croissante, l'idée de ce christianisme nouveau, de cette église nouvelle qui transforme à la fois le passé et l'avenir? N'est-ce pas dans un pays despotique que Hégel, avec plus d'indépendance encore, a ravivé toutes les questions qui se rapportent au dogme? et là, ce ne sont pas seulement les théories, les mystères qui sont discutés librement par la philosophie; c'est encore et partout la lettre de l'Ancien et du Nouveau-Testament, auxquels on applique le même esprit désintéressé de haute critique qu'à la philologie grecque et romaine.

Voilà quelle est la vie de l'enseignement dans les états même despotiques; tout ce qui peut mettre l'homme sur la voie de la vérité est permis, accordé; et nous, dans un pays libre, le lendemain d'une révolution, qu'avons-nous fait? Avons-nous usé, abusé de cette liberté philosophique que le temps nous accordait, sans que personne pût nous l'enlever? Avons-nous déployé le drapeau de la philosophie et du libre examen autant qu'il était loisible de le faire? Non, assurément; comme tout le monde pensait que cette indépendance était pour jamais conquise, personne ne s'est pressé d'en faire un plein usage. Les questions les plus hardies ont été ajournées; on a voulu, par des ménagements infinis, ôter toutes les occasions de dissidence. La philosophie, qui semblait devoir s'enorgueillir à l'excès de ce triomphe de juillet, s'est au contraire pliée à une humilité dont tout le monde a été surpris; et cette situation si modeste dans laquelle nous devions espérer au moins trouver la paix, c'est là un refuge dans lequel on ne veut pas nous laisser. Faut-il donc reculer, céder encore? Mais un seul pas en arrière, et nous risquerions bien d'être rejetés en dehors de notre siècle. Que faut-il donc faire? Marcher en avant. (*Applaudissements.*) Pour ma part, je remercie ceux qui nous provoquent à l'action et à la vie. Qui sait si nous n'aurions pas fini par nous asseoir dans un repos infécond et trompeur? Plusieurs pensaient que l'alliance de la croyance et de la science était enfin consommée, le terme atteint, le problème résolu. Mais non! les adversaires ont raison; le temps du repos n'est pas encore arrivé; la lutte est bonne, quand on l'accepte sincèrement; c'est dans ces luttes éternelles de la science et de la croyance que l'homme s'élève à une croyance supérieure, à une science supérieure. Pourquoi serons-nous affranchis de la condition du saint combat imposé à tous les hommes qui nous ont précédés. Le temps viendra où ceux qui se disputent si violemment l'avenir se rejoindront, s'uniront, se reposeront ensemble; ce moment n'est pas encore venu; jusque-là il est bon que chacun fasse sa tâche et combatte à sa manière, puisque aussi bien l'alliance est rompue d'un côté.

Encore une fois, je remercie les adversaires; ils suivent leur mission, qui jusqu'ici a été, par une immuable contradiction, de provoquer, d'aiguillonner l'esprit humain, de l'obliger d'aller plus loin, toutes les fois qu'il a été sur le point de s'arrêter, de se complaire dans la possession tranquille d'une partie seule de la vérité. L'homme est plus timide qu'il ne semble; s'il n'était contrarié, il serait trop accommodant. N'est-ce pas là son histoire pendant tout le moyen âge? et cette histoire, cette lutte perpétuelle qui toujours le ravive et l'excite, ne s'est-elle pas presque entièrement passée dans les lieux mêmes où nous sommes, sur cette montagne héroïque de Geneviève? Pourquoi vous étonner du combat? Nous sommes sur le lieu du combat. N'est-ce pas ici, dans ces chaires, que depuis

Abeilard jusqu'à Ramus, se sont montrés tous ceux qui ont servi l'indépendance de l'esprit humain, quand elle était le plus contestée ? C'est là notre tradition ; l'esprit de ces hommes est avec nous. Puisque reparaissent les objections qu'ils ont foulées aux pieds, que l'on croyait ensevelies pour jamais avec eux, eh bien! faisons comme eux; portons plus avant et plus loin le drapeau de la libre discussion. (*Applaudissements.*)

Au point où nous sommes parvenus, il est une question fondamentale qui est cachée au fond de toutes les difficultés, et sur laquelle je veux m'expliquer si clairement qu'il ne puisse rester aucune confusion dans la pensée de ceux qui m'écoutent. Quel est, selon l'esprit des institutions nouvelles, le droit de discussion et d'examen dans l'enseignement public? En termes plus précis encore, un homme qui enseigne, ici, publiquement, au nom de l'état, devant des hommes de croyances différentes, est-il obligé de s'attacher à la lettre d'une communion particulière, de porter dans toutes ses recherches cet esprit exclusif, de ne rien laisser voir de ce qui pourrait l'en séparer même un moment ? Si l'on répond affirmativement, je demanderai que l'on ose me dire quelle est la communion qui doit être sacrifiée à l'autre, si ce doit être celle qui exclut toutes les autres comme autant d'égarements, ou celle qui les accueille comme autant de promesses ; car je n'imagine pas que personne veuille, sans un instant de réflexion, dépouiller le plus petit nombre, comme s'il n'existait pas. Serai-je ici catholique ou protestant ? Poser cette question, c'est la résoudre.

Lorsque, sous la restauration, il existait une religion d'Etat, vous avez vu, malgré cela, l'enseignement puiser une partie de son illustration dans sa liberté même ; d'une part un protestantisme savamment impartial, de l'autre un catholicisme hardiment novateur, se rapprocher et se confondre dans une même communauté de pensées et d'avenir. Or, ce que la science, les lettres, la philosophie, avaient révélé avec tant d'éclat dans la théorie, a été consommé, dans la réalité, dans les institutions, par la révolution de juillet. Et maintenant qu'il n'y a plus de religion d'état, comment veut-on que l'état affiche ici publiquement l'intolérance ? Ce serait mentir à son dogme ; ce serait se renier soi-même. Je ne connais qu'un moyen d'introduire dans ces chaires le principe d'exclusion ; c'est de laisser tomber en désuétude tous les souvenirs les plus prochains, de briser tout ce qui a été fait en plein soleil, et par une éclatante apostasie, de remonter en arrière de plus d'un demi-siècle. Jusqu'à ce que ce jour arrive, non-seulement il sera permis ici, mais ce sera une des conséquences du dogme social, de s'élever à cette hauteur où les églises, divisées, partagées, ennemies, peuvent s'attirer et se concilier entre elles. Ce point de vue, qui est celui que la France a recueilli dans ses institutions, est aussi celui de la science; elle ne vit pas dans le tumulte des controverses, mais dans une région plus sereine. Si l'unité promise doit un jour se réaliser, si tant de croyances aujourd'hui opposées, armées les unes contre les autres, doivent, comme on l'a toujours annoncé, se rapprocher dans le règne de l'avenir, si une même église doit rassembler un jour les tribus dispersées aux quatre vents, si les membres de la famille humaine aspirent secrètement à se fondre dans la même solidarité, si la tunique du Christ, tirée au sort sur le Calvaire, doit reparaître jamais dans son intégrité, je dis que la science accomplit une bonne œuvre en entrant la première dans cette voie de l'alliance. (*Applaudissements.*) On aura pour ennemis ceux qui aiment la haine et la division dans les choses sacrées. N'importe, il faut persévérer; c'est l'homme qui divise, c'est Dieu qui réunit. (*Applaudissements.*)

Certes, il faudrait fermer les yeux à la lumière pour ne pas voir qu'une nouvelle aurore religieuse point dans le monde; j'en suis tellement persuadé, que mes idées ont toujours été tournées de ce côté, et qu'il m'est, pour ainsi dire, impossible de détacher de l'influence religieuse aucune partie des choses humaines. L'homme, depuis quelque temps, a été si souvent trompé par l'homme, qu'il ne faut pas s'étonner s'il ne veut plus se passionner que pour Dieu. Mais, cela admis, quels ont été les premiers missionnaires de cet Évangile renouvelé? Je réponds : les penseurs, les écrivains, les poëtes, les philosophes. Voilà, on ne le contestera pas, les missionnaires, qui partout, en France et en Allemagne, ont commencé les premiers à rappeler ce grand fonds de spiritualité qui est comme la substance de toute foi réelle. Chose étrange, à peine ont-ils consommé cette œuvre de précurseurs, ils reçoivent l'anathème! On se persuade que, puisque l'esprit humain s'est relevé vers le ciel, c'est sans doute pour se renier et s'abêtir pour jamais; que le moment est venu d'en finir avec la raison de tous, et qu'il faut au plus vite l'ensevelir dans ce Dieu qu'elle vient de retrouver d'elle-même. Comme il est arrivé en toute occasion, on se dispute la propriété exclusive et les prémices de ce Dieu renaissant. Mais ce mouvement religieux, je le vois plus profond, plus universel qu'on ne veut le laisser paraître. Chacun prétend l'enfermer, le circonscrire, le murer dans une enceinte particulière ; mais ce Christ agrandi, renouvelé, sorti comme une seconde fois du sépulcre, ne se laisse pas si facilement asservir ; il se partage, il se donne, il se communique à tous. La grande vie religieuse ne paraît pas seulement dans le catholicisme, mais aussi dans le protestantisme; non pas seulement dans la foi positive, mais aussi dans la philosophie. Ce mouvement ne s'arrête pas au midi de l'Europe; je le vois également fermenter dans la race germanique et slave, chez ceux que l'on appelle hérétiques comme chez les orthodoxes. Lorsque toutes les nations de l'Europe se sentent ainsi remuées jusque dans les entrailles par je ne sais quel pressentiment sacré de l'avenir, il est des hommes qui pensent que tout ce mouvement pourrait bien s'opérer, dans les desseins de la Providence, pour le seul rétablissement de la Société de Jésus. (*Applaudissements.*) Au moins, si on leur fait pour un moment cette étrange concession, ils devront avouer qu'il y a quelque chose de bon chez leurs adversaires, puisque la génération élevée par les jésuites est celle qui les a chassés, et que la génération élevée par la philosophie est celle qui les ramène. (*Applaudissements.*)

Ce serait une histoire singulièrement philosophique que celle des ordres religieux, depuis l'origine du christianisme. De même que la philosophie a été rajeunie de loin en loin par des écoles nouvelles, de même la religion a été relevée, exaltée, de siècle en siècle, par de nouveaux ordres, qui prétendent la posséder, et, en effet, à un moment donné, la possèdent par excellence. Tous, ils ont leur vie, leur vertu propre. Ils poussent, pendant quelque temps, le char de la foi, jusqu'au moment où altérés par l'esprit du monde qu'ils combattent, et se prenant eux-mêmes pour but, ils s'arrêtent, se déifient. Chacun de ces ordres a son institution écrite ; dans ces chartes du désert perce à chaque ligne l'instinct profond du législateur; quelques-unes sont aussi remarquables par la forme que par le fond. Il y en a de brèves, de laconiennes, comme les règles de Lycurgue : ce sont celles des anachorètes. Il y en a qui rappellent, par un dialogue fleuri, les habitudes de Platon : ce sont celles de saint Basile. Il y en a qui, par un éclat extraordinaire, peuvent lutter avec les élévations les plus poétiques de Dante; ce sont celles du *Maître*. Il y en a enfin qui, par la connaissance profonde des hommes et des affaires, rappellent l'esprit de Machiavel; ce sont celles des jésuites. La situation de l'âme humaine à chacune de ces époques est empreinte dans ces monuments. Au commencement, dans les institutions des anachorètes, dans la règle

de saint Antoine, l'âme ne s'occupe que d'elle-
même. Loin de vouloir convertir personne, l'homme,
encore imbu du génie du paganisme, se fuit par toutes
les routes; il n'a rien à dire à son semblable. Armé
contre tout ce qui l'entoure pour le combat singulier
du désert (*singularem pugnam eremi*), sa vie, jour et
nuit, n'est que contemplation et prière. Prie et lis tout
le jour, dit la règle. Plus tard, pendant le moyen-âge,
l'association muette succède à l'ermitage. Sous la loi
de saint Benoît, on vit réuni dans le même monastère;
mais cette petite société ne prétend pas encore entrer
en lutte active avec la grande. Elle vit retranchée derrière ses hautes murailles (*munimenta claustrorum*); elle
ouvre la porte au monde s'il vient à elle, mais elle
ne va pas au-devant de lui. L'homme a peur de la
parole humaine. Un éternel silence clôt les lèvres de
ces frères; si elles s'ouvraient, le verbe païen pourrait
en sortir encore. Chaque soir, ces associés du tombeau
s'endorment sous le froc, la ceinture autour des reins,
pour être plus tôt prêts à l'appel de la trompette des ar-
changes. L'esprit de la règle est d'occuper saintement
chaque heure dans l'attente taciturne du dernier jour
qui approche. Ce moment passé, il se fait une révolution dans les institutions des ordres; ils veulent entrer en communication directe avec le monde, qu'ils

n'ont aperçu qu'à travers l'étroite cloison du monastère. Le religieux sort de son couvent pour porter au dehors la parole, la flamme qu'il a conservée intacte. C'est l'esprit des institutions de saint François, de saint Dominique, des templiers et des ordres éveillés à l'inspiration des croisades. Le duel n'est plus dans le désert, il est transporté dans la cité. Après cela, il restait encore un pas à faire ; ce sera l'œuvre de l'ordre qui prétend résumer tous ceux qui l'ont précédé, c'est-à-dire de la Société de Jésus. Car tous les autres ont un tempérament, un but, un habit particulier; ils tiennent à un certain lieu plutôt qu'à un autre ; ils ont conservé le caractère du pays où ils sont nés. Il en est qui, selon leurs statuts, ne peuvent même être transplantés hors d'un certain territoire, auquel ils sont attachés comme une plante indigène.

Le caractère du jésuitisme, né en Espagne, préparé en France, développé, fixé à Rome, c'est de s'être assimilé l'esprit de cosmopolisme que l'Italie portait alors dans toutes ses œuvres. Voilà un des côtés par lequel il s'est trouvé d'accord avec l'esprit de la renaissance dans le midi de l'Europe. D'autre part, il se dépouille du moyen âge en rejetant volontiers l'ascétisme et la macération. En Espagne, il ne rêvait d'abord que la possession du Saint-Sépulcre ; arrivé en Italie, il devient plus pratique : il ne s'arrête pas à convoiter un tombeau; ce qu'il veut encore, c'est le vivant, pour en faire un cadavre. Mais à force de se mêler, de se confondre avec la société temporelle, il devient incapable de s'en séparer, c'est-à-dire de lui rien apprendre de particulier. Le monde l'a conquis, ce n'est pas lui qui a conquis le monde; et si vous résumez par un mot toute cette histoire des ordres religieux, vous trouvez qu'à l'origine, dans les institutions des anachorètes, l'homme est si exclusivement occupé de Dieu, que les choses n'existent pas pour lui, et qu'à la fin, au contraire, dans la Société de Jésus, on est si fort absorbé par les choses, que c'est Dieu qui disparaît dans le bruit des affaires. (*Applaudissements.*)

Cette histoire des ordres religieux est-elle finie? Toujours, jusqu'ici, les révolutions de la science et de la société ont provoqué en face d'elles, pour les contredire ou les épurer, des ordres nouveaux; ces innovations successives dans l'esprit de ces sociétés partielles se mariaient admirablement avec l'immutabilité de l'église. C'était le signe le plus certain d'une vie puissante. Or, depuis trois siècles, depuis l'institution de la Société de Jésus, ne s'est-il rien passé dans le monde qui provoque une fondation nouvelle? N'y a-t-il pas eu assez de changements, de témérités dans les intelligences? La révolution française ne mérite-t-elle pas que l'on fasse pour elle ce qui se faisait au moyen âge pour la moindre des commotions politiques et sociales? Tout a changé, tout s'est renouvelé dans la société temporelle. La philosophie, je l'avoue, sous sa modestie apparente, est au fond pleine d'audace et d'orgueil. Elle se croit victorieuse ! et contre des ennemis qui ont ainsi retrempé leurs armes, ce sont des ordres exténués, que l'on ramène au combat! Pour moi, si j'avais la mission qui a été accordée à d'autres, loin de me contenter de restaurer des sociétés déjà compromises avec le passé, ou ébranlées par trop d'inimitiés, les dominicains, les jésuites, je croirais très-fermement qu'il y a dans le monde assez de changements, de tendances, de philosophies, ou, si l'on veut, d'hérésies nouvelles, pour qu'il vaille la peine d'y opposer une autre règle, une autre forme, au moins un nom nouveau ; je croirais que cet esprit de création est le témoignage nécessaire de la grande vie des doctrines, et qu'un seul mot prononcé par un ordre nouveau aurait cent fois plus d'efficacité que toute l'éloquence du monde dans la bouche d'un ordre suranné.

Quoi qu'il en soit, j'en ai dit assez pour montrer que la prédication dans une église particulière et l'enseignement public devant des hommes de croyances diverses, ne sont pas une même chose, que demander à l'un ce qui appartient à l'autre, c'est vouloir les détruire. La croyance et la science, ces deux situations de l'esprit humain, qui peut-être un jour n'en formeront qu'une seule, ont toujours été regardées comme distinctes. A l'époque dont nous nous occupons, elles ont été représentées exactement dans l'histoire par deux hommes qui ont paru à peu de distance l'un de l'autre : Ignace de Loyola et Christophe Colomb. Loyola, par un attachement absolu à la lettre même de l'autorité, au milieu des plus grands ébranlements, conserve, maintient le passé; il le ressaisit, en quelques endroits, jusque dans le sépulcre. Quant à Christophe Colomb, il montre à nu comment l'avenir se forme, par l'union de la croyance et de la liberté, dans l'esprit de l'homme. Il possède, autant que personne, la tradition du christianisme; mais il l'interprète, il le développe; il écoute toutes les voix, tous les pressentiments religieux du reste de l'humanité; il croit qu'il peut y avoir quelque chose de divin, même dans les cultes les plus dissidents. De ce sentiment de la religion, de l'église véritablement universelle, il s'élève à une vue claire des destinées du globe; il recueille, il épie les paroles mystérieuses de l'ancien et du nouveau Testament; il ose en tirer un esprit qui scandalise pour un moment l'infaillibilité ; il la dément un jour; il l'oblige, le lendemain, de se soumettre à son avis; il répand un souffle de liberté sur toute la tradition; de cette liberté jaillit le verbe qui enfante un nouveau monde; il brise la lettre extérieure ; il rompt le sceau des prophètes; de leurs visions, il fait une réalité. Voilà une tendance différente de la première. Ces deux voies resteront longtemps ouvertes avant de se réunir. Chacun est libre de choisir, de marcher en avant ou de retourner en arrière. Pour ce qui me regarde, c'était mon devoir d'établir, de constater le droit de préférer publiquement ici à la tendance qui ne regarde que le passé celle qui ouvre l'avenir, et en augmentant la création, augmente l'idée de la grandeur divine. Je l'ai fait, j'espère, sans haine comme sans tergiversation ; et quoi qu'il puisse m'arriver, la seule chose dont je sois certain, c'est que je ne m'en repentirai jamais. (*Applaudissements prolongés.*)

La question fut décidée pour moi, ce jour-là. Avertis par la presse, les amis comme les ennemis de la liberté de discussion s'étaient donné rendez-vous et remplissaient deux amphithéâtres. Pendant trois quarts d'heure, il fut impossible de prendre la parole; plusieurs personnes même de nos amis étaient d'avis de la nécessité de remettre la séance à un autre jour. Je sentis que c'était tout perdre, et je me décidai à rester, s'il le fallait, jusqu'à la nuit. C'était aussi le sentiment de la plus grande partie de l'assemblée. Je remercie la foule des amis inconnus qui, au dedans et au dehors, par leur fermeté et leur modération, ont mis fin, à partir de ce jour, à toute espérance de troubles.

IIᵉ LEÇON.

ORIGINES DU JÉSUITISME, IGNACE DE LOYOLA,
les Exercices spirituels. [17 mai 1843.]

Je connais l'esprit de cet auditoire, et j'espère en avoir dit assez pour qu'il me connaisse aussi. Vous savez que je parle sans aucune haine, mais avec la tranquille volonté de dire toute ma pensée. (*Interruption.*) Un observateur impartial, en voyant ce qui se passe, depuis quelques jours, dans ces enceintes, m'accordera volontiers qu'un fait nouveau se révèle, l'importance accordée par tous les esprits aux questions religieuses. Ce n'est pas une chose d'une faible signification de voir tant d'hommes attacher à de pareils sujets, l'intérêt, (je ne voudrais pas dire la passion) qu'ils prêtaient autrefois, seulement, à la scène politique. On a senti qu'il s'agit de l'intérêt de tous, et il n'a fallu qu'un mot, pour faire jaillir l'étincelle cachée au fond des cœurs. Les questions que nous rencontrons dans notre sujet sont des plus grandes que l'on puisse trouver ; elles ne touchent par un point au monde actuel qu'à cause de leur grandeur même ; sachons donc, je vous en supplie, nous élever avec elles, et conserver ce calme qui sied à la recherche de la vérité. Ce qui se fait ici ne reste pas caché dans ces enceintes; il y a loin d'ici, et même hors de France, des esprits sérieux qui nous regardent.

Il est des temps où les hommes sont élevés dès le berceau, pour le silence, certains de n'avoir jamais à subir aucune contradiction profonde; il en est où les hommes sont élevés pour le régime de la libre discussion, en plein soleil, et ces temps sont les nôtres. Le plus mauvais service que l'on puisse rendre aujourd'hui à une cause, c'est de prétendre étouffer l'examen par la violence. On n'y réussit pas ; on n'y réussira jamais, et, tout au plus, on persuade aux esprits les plus conciliants que la cause que l'on défend est incompatible avec le régime nouveau. De quoi servent tant de menaces puériles ? Ce n'est pas la France qui reculera devant un sifflet. Aucun homme dans ce pays n'a la puissance de faire circuler sa pensée, sans qu'elle rencontre quelque part un contrôle public. Le temps n'est plus où une idée, une société, un ordre pouvait s'infiltrer, se former, s'élever en secret, puis tout à coup éclater lorsque ses racines étaient si profondes qu'elles ne pouvaient être extirpées. Dans quelque sentier que l'on entre, toujours il se trouve quelque sentinelle éveillée, prête à jeter le cri d'alarmes. Il n'y a plus de pièges ni d'embûches pour personne. Cette parole dont je me sers aujourd'hui, vous vous en servirez demain; elle est ma sauvegarde, mais elle est surtout la vôtre. Que deviendraient mes adversaires, si, elle leur était ôtée? Car je me représente aisément le philosophe réduit à ses livres; mais l'Eglise sans la parole, qui peut se l'imaginer un moment? Et c'est vous qui prétendez étouffer la parole au nom de l'Eglise. Allez! tout ce que je puis vous dire, c'est que ses plus grands ennemis ne feraient pas autrement.

J'ai montré, que l'établissement de la société de Jésus est le fond même de mon sujet. Prenons cette question dans les termes les plus désintéressés. Ne croyez pas d'abord que tout me semble condamnable dans la sympathie qu'elle inspire à quelques personnes de ce temps-ci. Je commence par dire que je crois fermement à leur sincérité. Au milieu de notre société souvent incertaine et sans but, elles rencontrent les débris d'un établissement extraordinaire, qui, lorsque tout a changé, a conservé immuablement son unité. Ce spectacle les étonne. A l'aspect de ces ruines pleines encore d'orgueil, elles se sentent attirées par une force qu'elles ne mesurent pas; je ne voudrais pas jurer que cet état de délabrement n'exerçât sur elle, un prestige supérieur à celui de la prospérité même. Comme elles voient tous les dehors conservés, règles, constitutions écrites, coutumes subsistantes, elles se persuadent que l'esprit chrétien habite encore ces simulacres; d'autant plus qu'un seul pas fait dans cette voie les entraîne à beaucoup d'autres, et que les principes du corps sont liés avec un art infini. Entrées ainsi dans ce chemin, elles s'engagent de plus en plus, cherchant toujours sous les formes de la doctrine de Loyola, le génie et l'âme du christianisme. Or, mon devoir est de dire à ces personnes, comme à toutes celles qui m'entendent, que la vie est ailleurs, qu'elle n'est plus dans cette constitution, simulacre vide de l'esprit de Dieu, que ce qui a été a été, que l'odeur s'est échappée du vase, que l'âme du Christ n'est plus dans ce sépulcre blanchi. Dussent-elles me vouer une haine qu'elles croient éternelle et qu'il m'est impossible de partager, oui, si elles viennent ici, violentes, menaçantes, je les en préviens, je le leur déclare en face, je ferai tout ce que je pourrai pour les arracher à une voie où elles ne trouveront, selon moi, que vide et déception ; et il ne dépendra pas de moi, qu'enlevées aux étreintes d'une règle égoïste et d'un système mort, je ne les précipite dans un système tout contraire que je crois le chemin vivant de la vérité et de l'humanité.

Dans les circonstances les plus ordinaires, on prend conseil ; on entend le pour et le contre ; et lorsqu'il s'agit de donner sa pensée, son avenir à un ordre dont la première maxime, conforme au génie des sociétés secrètes, est de vous lier à chaque pas, en vous cachant le degré qui doit suivre, il est des hommes ici qui ne voudraient pas que personne les instruisît du but ! Ils s'arment de haines contre ceux qui veulent montrer à quoi l'on s'engage en suivant ce chemin ténébreux. Assez d'autres paroles plus heureuses que la mienne poussent les esprits dans la route du passé. Que l'on souffre donc ce qu'il est insensé de vouloir empêcher ; que l'on souffre que dans un autre lieu, une autre voix marque une autre route, en se fondant, sans colère, sur l'histoire et sur les monuments ; après quoi, la bonne foi de personne n'aura été surprise. Si vous persévérez, du moins vos convictions auront subi l'épreuve de la contradiction publique ; vous aurez agi, comme doivent faire des hommes sincères en des matières si graves. Je combats ouvertement, loyalement. Je demande que l'on se serve contre moi d'armes semblables.

Qui sait même, si parmi ceux qui se croient animés de plus d'aversion, il ne se trouve pas ici, en ce moment, quelqu'un qui plus tard se félicitera d'avoir été retenu aujourd'hui, sur le seuil qu'il allait franchir pour toujours?

Il faut d'abord savoir où l'on va ; et la première chose dont j'aie à m'occuper, est de montrer la mission de l'ordre de Jésus dans le monde contemporain. Le jésuitisme est une machine de guerre ; il lui faut toujours un ennemi à combattre, sans cela ses prodigieuses combinaisons resteraient inutiles. Dans le seizième siècle et le dix-septième, il a trouvé le protestantisme pour contradicteur. Non content de cet adversaire, l'idolâtrie des peuples de l'Asie et de l'Amérique lui a donné une glorieuse occupation. Sa gloire est de combattre toujours ce qu'il y a de plus fort. De notre temps quel est l'ennemi qui l'a contraint de ressusciter? Ce n'est pas l'Eglise schismatique, puisqu'au contraire c'est elle qui l'a rappelé et sauvé en Russie. Ce n'est pas l'idolâtrie. Quel est donc cet adversaire assez puissant pour réveiller les morts? Je veux, pour le montrer avec une pleine évidence, ne m'appuyer que sur la papauté elle-même, sur les bulles de condamnation et de restauration de l'ordre. En présence de ces monuments et de ces dates, vous tirerez vous-même la conséquence. La bulle qui supprime l'institut est du 21 juillet 1773. Je dois en citer quelques passages en avertissant d'avance que je ne me servirai jamais de termes plus explicites ni plus vifs que ceux dont se sert la papauté par la bouche de Clément XIV.

« A peine la société était-elle formée, *suo feré ab
« initio*, qu'il s'y éleva diverses semences de divi-
« sions et de jalousies, non seulement entre ses pro-
« pres membres, mais encore à l'égard des autres
« corps et ordres réguliers, ainsi que du clergé sécu-
« lier, des Académies, universités, collèges publics des
« belles lettres, et même à l'égard des princes qui
« l'avaient reçue dans leurs états...

« Loin que toutes les précautions fussent suffisantes
« pour apaiser les cris et les plaintes contre la so-
« ciété, on vit, au contraire, s'élever dans presque
« toutes les parties de l'univers des disputes très affli-
« geantes contre sa doctrine : *Universum pené orbem
« pervaserunt molestissimæ contentiones de societatis
« doctrinâ;* que nombre de personnes dénonçaient
« comme opposée à la foi orthodoxe et aux bonnes

« mœurs. Les dissensions s'allumèrent de plus en
« plus dans la société, et au dehors les accusations
« contre elle devinrent plus fréquentes, principale-
« ment sur sa trop grande avidité des biens terrestres.

« Nous avons remarqué, avec la plus grande dou-
« leur, que tous les remèdes qui ont été employés
« n'ont eu presque aucune vertu pour détruire et dissi-
« per tant de troubles, d'accusations et de plaintes
« graves ; que plusieurs de nos prédécesseurs, comme
« Urbain VIII, Clément IX, X, XI, XII, Alexan-
« dre VII et VIII, Innocent X, XI, XII, XIII et Be-
« noît XIV y travaillèrent en vain. Ils tâchèrent ce-
« pendant de rendre à l'église la paix si désirable en
« publiant des constitutions très-salutaires, pour dé-
« fendre tout négoce et pour interdire absolument
« l'usage et l'application de maximes que le saint
« siége avait justement condamnées comme scanda-
« leuses et manifestement nuisibles à la règle des
« mœurs, etc., etc.

« Afin de prendre le plus sûr parti dans une affaire
« de si grande conséquence, nous jugeâmes que nous
« avions besoin d'un long espace de temps, non-seu-
« lement pour pouvoir faire des recherches exactes,
« tout peser avec maturité et délibérer avec sagesse,
« mais encore pour demander par beaucoup de gé-

« missements et des prières continuelles, l'aide et le
« soutien du père des lumières.

« Après avoir donc pris tant et de si nécessaires
« mesures, dans la confiance où nous sommes d'être
« aidé de l'esprit saint, étant d'ailleurs poussé par la
« nécessité de remplir notre ministère, considérant
« que la société de Jésus ne peut plus faire espérer
« ces fruits abondants et ces grands avantages pour
« lesquels elle a été instituée, approuvée et enrichie
« de tant de priviléges par nos prédécesseurs, qu'il
« n'est peut-être pas même possible que tant qu'elle
« subsiste, l'église recouvre jamais une paix vraie et
« durable, persuadé, pressé par de si puissants motifs
« et par d'autres encore que les lois de la prudence et
« le bon gouvernement de l'Église universelle nous
« fournissent, mais que nous gardons dans le profond
« secret de notre cœur, après une mûre délibération,
« de notre certaine science et de la plénitude du pou-
« voir apostolique, nous éteignons et supprimons la
« dite société, abolissons ses statuts, constitutions,
« celles même qui seraient appuyées du serment, d'une
« confirmation apostolique ou de toute autre manière.»

Le 16 mai 1774, le cardinal, ambassadeur de France, transmet une confirmation de la bulle au ministre des affaires étrangères, en la commentant par quelques mots qui sont en même temps un avertissement au roi et au clergé.

« Le pape s'est décidé à la suppression au pied des
« autels et en la présence de Dieu. Il a cru que des reli-
« gieux proscrits des états les plus catholiques, violem-
« ment soupçonnés d'être entrés autrefois et récem-
« ment dans des trames criminelles, n'ayant en leur
« faveur que l'extérieur de la régularité, décriés dans
« leurs maximes, livrés, pour se rendre plus puissants
« et plus redoutables, au commerce, à l'agiotage et à
« la politique, ne pouvaient produire que des fruits
« de dissension et de discorde, qu'une réforme ne fe-
« rait que pallier le mal, et qu'il fallait préférer à tout
« la paix de l'Eglise universelle et du Saint-Siége...

« En un mot, Clément XIV a cru la société des jé-
« suites incompatible avec le repos de l'Eglise et des
« états catholiques. C'est l'esprit du gouvernement de
« cette compagnie qui était dangereux ; c'est donc cet
« esprit qu'il importe de ne pas renouveler, et c'est à
« quoi le pape exhorte le roi et le clergé de France
« d'être sérieusement attentifs. »

Maintenant ma conclusion commence à se montrer.
N'oubliez pas que la bulle d'interdiction précède de
quinze ans à peine l'explosion de la révolution de 1789.
Le génie précurseur qui donnait à la France la royauté

de l'intelligence, gouvernait le monde même avant d'avoir éclaté; il avait passé des écrivains aux princes, des princes aux papes. Voyez l'enchaînement des choses! La France va se jeter dans la voie de l'innovation, et la papauté inspirée alors par le génie de tous, brise la machine créée pour étouffer dans son germe le principe de l'innovation. L'esprit de 1789 et de la constituante est tout entier dans cette bulle pontificale de 1773. Depuis ce moment, qu'arrive-t-il? Aussi longtemps que la France nouvelle reste victorieuse dans le monde, on n'entend plus parler de la compagnie de Jésus. Devant le drapeau librement ou glorieusement déployé de la révolution française, cette compagnie disparaît comme si elle n'eût jamais existé. Ses débris se cachent sous d'autres noms. L'empire, qui pourtant aimait les forts, laissa ces débris dans la poussière, sachant bien que lui qui pouvait tout ne pouvait en relever une pierre sans mentir à son origine, et que parmi les jugements portés par les peuples, il en est avec lesquels il ne faut pas jouer. Cependant le moment vient où la société de Jésus, écrasée par la papauté, est de nouveau triomphalement rétablie par la papauté. Que s'est-il donc passé? La bulle de restauration de l'ordre est du 6 août 1814. Cette date ne vous dit-elle rien? C'est le moment où la France assiégée, foulée, est contrainte de cacher ses couleurs, de renier dans sa loi le principe de la révolution, d'accepter ce qu'on veut bien lui octroyer d'air, de lumière et de vie. Au milieu de cette croisade de la vieille Europe, chacun emploie les armes qui sont à son usage. Dans ce débordement de milices de toutes les zônes, la papauté déchaîne aussi la milice ressuscitée de Loyola, afin que, l'esprit étant circonvenu comme le corps, la défaite soit complète et que la France agenouillée n'ait plus même dans son for intérieur la pensée de se redresser jamais.

Voilà les faits, l'histoire, la réalité sur laquelle on ne parviendra pas à égarer la génération qui s'élève. Il faut qu'on le sache bien; cette issue est celle à laquelle il faut arriver dès qu'on entre dans cette voie; elle ne paraît pas, on ne la montre pas au début, mais elle est le terme nécessaire. D'un côté la révolution française avec le développement de la vie religieuse et sociale; de l'autre, caché on ne sait où, son contradicteur naturel, l'ordre de Jésus, avec son attache inébranlable au passé. C'est entre ces choses qu'il faut choisir.

Et que personne ne pense qu'elles soient conciliables; elles ne le sont pas. La mission du jésuitisme au seizième siècle a été de détruire la réforme; la mission du jésuitisme au dix-neuvième est de détruire la révolution qui suppose, renferme, enveloppe et dépasse la réforme. (*Applaudissements.*) C'est une grande mission ; mais, il faut l'avouer. Il s'agit bien vraiment de l'université et d'une dispute de collège! Les idées sont plus hautes. Il s'agit, comme toujours, d'énerver le principe de vie, de tarir à petit bruit l'avenir en sa source. C'est là toute la question. Elle s'est posée d'abord parmi nous. Mais elle est destinée à se développer ailleurs, à réveiller ceux qui sont le plus endormis d'un sommeil ou feint ou véritable ; car ce n'est pas probablement sans raison que nous avons été si impérieusement poussés à la démasquer ici.

Cela posé, sans détour, je vais droit au cœur de la doctrine que je veux d'abord étudier historiquement, impartialement, dans son auteur, Ignace de Loyola. Vous connaissez cette vie puissante, où la chevalerie, l'extase, le calcul dominent tour à tour. Cependant il faut en retracer les commencements et voir comment tant d'ascétisme a pu s'accorder avec tant de politique, l'habitude des visions avec le génie des affaires. Placé aux confins de deux époques, ne vous étonnez pas si cet homme a été si puissant, s'il l'est encore, s'il marque ses conquêtes d'un sceau indestructible. Il exerce tout à la fois, la puissance qui naissait de l'extase au douzième siècle, et l'autorité qui s'appuie sur la pratique consommée du monde moderne : il y a en lui du saint François d'Assise et du Machiavel. De quelque manière qu'on l'envisage, il est de ceux qui investissent les esprits par les extrémités les plus opposées.

Dans un château de Biscaye, un jeune homme, d'une famille ancienne, reçoit, au commencement du seizième siècle, l'éducation militaire de la noblesse espagnole ; en maniant l'épée, il lit, par désœuvrement, les Amadis ; c'est là toute sa science. Il devient page de Ferdinand, puis capitaine d'une compagnie ; beau, brave, mondain, avide surtout de bruits et de batailles. Au siége de Pampelune par les Français, il se retire dans la citadelle ; il la défend courageusement à outrance ; sur la brèche, un biscaïen lui casse la jambe droite ; on l'emporte sur une litière dans le château voisin, c'est celui de son père. Après une opération cruelle, subie avec héroïsme, il demande, pour se distraire, ses livres de chevalerie. On ne trouve dans ce vieux château pillé, que la vie de Jésus-Christ et des saints. Il les lit ; son cœur, sa pensée, son génie s'enflamment d'une révélation subite. En quelques moments, ce jeune homme, épris d'un amour humain, s'allume d'une sorte de fureur divine ; le page est maintenant, un ascète, un ermite, un flagellant; ce sont là les commencements d'Ignace de Loyola.

Dans cet homme d'action, quelle est la première pensée qui s'élève? Le projet d'un pèlerinage en terre-sainte. En lisant les vies ardentes des saints Pères, il dessine, il peint grossièrement les paysages, les figures auxquels se rapportent ces récits. Bientôt il veut aller toucher cette terre sacrée; il croit voir, il voit la vierge qui l'appelle; il part. Comme sa blessure n'est pas encore guérie, il monte à cheval, emportant à l'arçon de sa selle sa ceinture, sa callebasse, ses sandales de corde, son bourdon, tous les insignes du pèlerin. Chemin faisant, il rencontre un Maure avec lequel il discute sur le mystère de la Vierge. Une tentation violente le saisit de tuer l'incrédule; il abandonne les rênes à l'instinct de son cheval. S'il rejoint le Maure, il le tuera; sinon, il l'oubliera. Il commence ainsi par mettre sa conscience à la merci du hasard. A quelque distance, il congédie ses gens, se revêt du cilice, et continue sa route, pieds nus. A Manrèze il s'enferme dans l'hôpital; il fait la veillée des armes devant l'autel de la Vierge, et suspend son épée aux piliers de la chapelle. Ses macérations redoublent; ses reins sont enfermés dans une chaîne de fer; son pain est mêlé avec la cendre; et le grand seigneur d'Espagne, s'en va mendiant de porte en porte, dans les rues de Manrèze. Cela ne suffit pas à la faim de ce cœur dévoré d'ascétisme ; Loyola se retire dans une caverne où le jour n'arrive que par une fente de rocher ; là il passe des jours entiers, même des semaines sans prendre de nourriture ; on le trouve évanoui au bord d'un torrent. Malgré tant de pénitences, cette âme est encore troublée. Le scrupule, non pas le doute, l'assiége ; il subtilise avec lui-même ; ce même combat intérieur que Luther affrontait au moment de tout changer, Loyola, le soutient au moment de tout conserver. Le mal va si loin, que la pensée du suicide le poursuit ; dans cette guerre intérieure, il gémit, il crie, il se roule sur la terre. Mais cette âme n'est pas de celles qui se laissent vaincre par le premier assaut ; Ignace se relève ; la vision de la Trinité, de la Vierge qui l'appelle vers son fils, le sauve du désespoir. Dans cette caverne de Manrèze, le sentiment de sa force s'est révélé à lui ; il ne sait pas encore ce qu'il fera ; seulement il sait qu'il a quelque chose à faire.

Un petit vaisseau marchand l'emporte par charité à Gaëte ; le voilà sur la route de la terre-sainte ; en Italie, toujours pieds nus, et mendiant, il voit Rome, se traîne à Venise ; — c'est trop tard, lui crie une voix, le bateau des pèlerins est parti. — « Qu'importe, répond Loyola, si les navires manquent, je passerai la mer sur une planche. » Avec cette volonté brûlante, il n'était pas difficile d'atteindre Jérusalem; il y arrive, toujours pieds nus, le 4 septembre 1523. Dépouillé de tout, il se dépouille encore pour payer aux sarrasins le droit de voir et de revoir le saint sépulcre. Mais au moment où il saisit le terme de ses désirs, il aperçoit un terme plus éloigné. Il ne voulait que toucher ces pierres; maintenant qu'il les possède, il veut autre chose. Au dessus de la pierre du saint sépulcre, le Christ lui apparaît dans les airs, et lui fait signe d'approcher davantage. Appeler, convertir les peuples d'Orient, c'est la pensée fixe qui s'éveille chez lui. Il a désormais une mission positive; et depuis l'instant où son imagination a atteint le but désiré, il se fait un autre homme dans Loyola. L'imagination s'apaise; la réflexion grandit; le zèle des *âmes* l'emporte sur l'amour de *la croix*[1]. L'ascète, l'ermite se transforme, le politique commence.

A l'aspect de ce sépulcre désert, il comprend que les calculs de l'intelligence peuvent seuls y ramener le monde. Dans cette croisade nouvelle, ce n'est pas l'épée, c'est la pensée qui fera le miracle. Il est beau

[1] Le père Bouhours, Vie de saint Ignace, p. 122.

de voir ce dernier des croisés, proclamer en face du calvaire, que les armes seules ne peuvent plus rien pour ressaisir les croyants; dès ce jour, son plan est fait, son système préparé, sa volonté arrêtée. Il ne sait rien, à peine lire et écrire; en peu d'années il saura tout ce qu'enseignent les docteurs. Et voilà en effet le soldat, l'invalide amputé, qui abandonne les projets imaginaires, les voluptés de l'ascétisme pour prendre sa place au milieu des enfants, dans les écoles élémentaires de Barcelone et de Salamanque. Le chevalier de la cour de Ferdinand, l'anachorète des rochers de Manrèze, le libre pèlerin du mont Thabor courbe son esprit apocalyptique, sur la grammaire! Que fait-il, cet homme auquel les cieux sont ouverts? il apprend les conjugaisons, il épèle le latin. Ce prodigieux empire sur soi-même, au milieu des illuminations divines, marque déjà une époque toute nouvelle.

Cependant, l'homme du désert reparaît encore dans l'écolier. Il guérit, dit-on, les morts, il exorcise les esprits; il n'est pas si bien redevenu enfant, que le Saint n'éclate par intervalles. D'ailleurs, il professe on ne sait quelle théologie, que personne ne lui a enseignée et qui commence à scandaliser l'inquisition. On le met en prison ; il en sort à la condition de ne plus ouvrir la bouche avant d'avoir étudié quatre ans dans une école régulière de théologie.

Ce jugement le décide à venir là où la science l'attirait, dans l'université *de Paris*. N'est-il pas temps que cette pensée si lentement mûrie se déclare? Loyola a près de trente-cinq ans; qu'attend-il encore? Cet étrange écolier, a, dans le collège de Ste-Barbe, pour compagnons de chambre, deux jeunes gens, Pierre le Fèvre, et François Xavier. L'un est un berger des Alpes prêt à goûter toute parole puissante; Loyola se ménage avec lui; il ne lui révèle son projet, qu'après trois ans de réserve et de calculs; l'autre est un gentilhomme tout infatué de sa jeunesse et de sa naissance; Loyola le loue, le flatte; il redevient pour lui le gentilhomme de Biscaye.

Au reste, pour subjuguer les esprits, il possède un moyen plus assuré: le livre des *Exercices spirituels*, l'œuvre qui renferme tout son secret, et qu'il a ébauché dans les ermitages d'Espagne. Préparés par sa parole, aucun de ses amis n'échappe à la puissance de cet ouvrage étrange, qu'ils appellent le livre mystérieux. Déjà deux disciples ont goûté cette amorce; ils lui appartiennent pour toujours; d'autres du même âge se joignent aux premiers; ils subissent, à leur tour, la fascination.

C'est Jacques Laynez, qui, plus tard, sera général de l'ordre; Alphonse Salméron; Rodriguez d'Azévedo, tous espagnols ou portugais.

Un jour ces jeunes gens se rassemblent sur les hauteurs de Montmartre; sous l'œil du maître, en face de la grande ville, ils font vœu de s'unir pour aller en terre sainte, ou pour se mettre à la disposition du pape. Deux ans se passent ; ces mêmes hommes arrivent à Venise par des chemins differents, un bâton à la main, un sac sur le dos, le *livre mystérieux* dans leur besace. Où vont-ils? Ils n'en savent rien ! Ils ont fait alliance avec un esprit qui les entraîne dans sa force logique. Loyola arrive au rendez-vous par un autre chemin. Ils pensaient s'embarquer pour les solitudes de la Judée; Loyola, leur montre, au lieu de ces solitudes, l'endroit du combat, Luther, Calvin, l'Eglise anglicane, Henri VIII, qui assiégent la papauté. D'un mot il envoie François Xavier aux extrémités du monde oriental; il garde les huit autres disciples pour faire face à l'Allemagne, à l'Angleterre, à la moitié de la France et de l'Europe ébranlée. A ce signe du maître, ces huit hommes marchent, les yeux fermés, sans compter ni mesurer les adversaires. La compagnie de Jésus est formée; le Capitaine de la citadelle de Pampelune la conduit au combat. Dans la mêlée du seizième siècle, une légion sort de la poussière des chemins. Ce début est grand, puissant, saisissant; le sceau du génie est là : personne moins que nous ne songera à le dissimuler.

Si telle fut l'origine de la Société de Jésus, remontons au monument qui en est devenu l'âme, et renferme ce que Tacite appelait les *Arcanes de l'Empire, Arcana imperii.* On a étudié le jésuitisme dans ses développements; personne, que je sache, ne l'a encore montré dans son idéal primitif. Le livre des *Exercices spirituels* a jeté les uns après les autres, tous les premiers fondateurs de l'ordre dans le même moule. D'où lui vient ce caractère extraordinaire? C'est ce qu'il faut considérer. Nous touchons ici à la source même de l'esprit de la Compagnie.

Après avoir passé par toutes les conditions de l'extase, de l'enthousiasme, de la sainteté, Loyola, avec un calcul dont je ne parviendrai jamais à exprimer la profondeur, entreprend de réduire en un corps de système, les expériences qu'il a pu faire sur lui-même jusque dans le feu des visions. Il applique la méthode de l'esprit moderne, celle des physiciens à ce qui dépasse toute méthode humaine, à l'enthousiasme des choses divines. En un mot, il compose une physiologie, un manuel, ou plutôt encore la formule de l'extase et de la sainteté.

Savez-vous ce qui le distingue de tous les ascètes du passé, c'est qu'il a pu froidement, logiquement, s'observer, s'analyser dans cet état de ravissement, qui chez tous les autres exclut l'idée même de réflexion. Imposant à ses disciples, comme opérations, des actes qui, chez lui, ont été spontanés, trente jours lui suffisent pour briser, par cette méthode, la volonté, la raison, à peu près comme un cavalier qui dompte son coursier. Il ne demande que trente jours, *triginta dies*, pour réduire une âme. Remarquez, en effet, que le jésuitisme se développe en même temps que l'inquisition moderne; pendant que celle-ci disloquait le corps, les *exercices spirituels* disloquaient la pensée sous la machine de Loyola.

Pour arriver à l'état de sainteté, on trouve dans ce livre, des règles telles que celle-ci : « *primò*, tracer sur un papier des lignes de différentes grandeurs qui répondent à la grandeur des pensées; *secondement*, s'enfermer dans une chambre dont les fenêtres soient à demi-closes (januis ac fenestris clausis tantisper), etc.; *cinquièmement*, s'échapper en exclamations (quintùm in exclamationem prorumpere); *sixièmement*, dans la contemplation de l'enfer, laquelle comprend *deux préludes, cinq points* et *un colloque*, se figurer que l'on entend des plaintes, des vociférations, imaginer aussi de la fumée, du soufre, le ver de la conscience, etc. Or, ce ne sont pas les visions seules qui sont ainsi imposées ; ce que vous ne supposeriez jamais, les soupirs même sont notés, l'aspiration, la respiration est marquée ; les pauses, les intervalles de silence sont écrits d'avance comme sur un livre de musique. Vous ne me croiriez pas, il faut citer : « Troisième manière de prier « en mesurant d'une certaine façon les paroles et les « temps de silence [1]. » Ce moyen consiste à omettre quelques paroles entre chaque souffle, chaque respiration ; et un peu plus loin : « Que l'on observe bien les inter- « valles égaux entre les aspirations, les suffocations et « les paroles. » (Et paria anhelituum ac vocum interstitia observet); ce qui veut dire que l'homme inspiré ou non, n'est plus qu'une machine à soupirs, à sanglots, qui doit gémir, pleurer, s'écrier, suffoquer à l'instant précis, et dans l'ordre où l'expérience a démontré que cela était le plus profitable.

L'éducation ainsi préparée, comment s'achève l'automate chrétien ? Par quels degrés s'élève-t-il aux dogmes, aux mystères de l'Évangile ? vous allez le voir. S'il s'a-

---

[1] Tertius orandi modus per quamdam vocum et temporum commensurationem. Exercitia spiritualia, p. 200.

git d'un mystère, le prélude (præludium), avant tout autre opération, est de se représenter un certain lieu corporel, avec toutes ses dépendances. Par exemple, est-il question de la Vierge ? le moyen est de se figurer une petite maison (domuncula); de la Nativité ? une grotte, une caverne, disposée d'*une manière commode ou incommode*; d'une scène de prédication dans l'Évangile ? un certain chemin avec ses détours plus ou moins escarpés. S'agit-il de la sueur de sang ? il faut se figurer avant tout un jardin d'une certaine grandeur (certâ magnitudine, figurâ et habitudine), en mesurer la longueur, la largeur, le contenu ; quant au règne du Christ, se représenter des maisons de campagnes, des forteresses (villas et oppida) ; après quoi, le premier point est d'imaginer un roi humain [1] parmi ses peuples ; s'adresser à ce roi, converser avec lui ; peu à peu changer le roi en Christ ; se substituer au peuple, et se placer ainsi dans le vrai royaume.

Telle est la méthode pour s'élever aux mystères. Si cela est, voyez la conséquence ! Partir toujours de l'impression matérielle, n'est-ce pas montrer pour l'esprit une défiance qui renverse la nature même du christianisme ? N'est-ce pas entrer par déguisement

---

[1] Punctum primum estò proponere mihi ob oculos humanum regem. Exercit. Spirit., p. 97.

dans le règne spirituel? et tant de précautions minutieuses pour remplacer le ravissement subit de l'âme n'iront-elles pas nécessairement dégénérer chez les disciples en ruses pour déconcerter le chef de la ruse? Quoi! le Dieu est là, agenouillé, pleurant dans la sueur de sang; et au lieu d'être tout d'abord transporté hors de vous-mêmes par cette seule pensée, vous vous amusez à me montrer cet enclos, à en mesurer mesquinement le contenu, à tracer méthodiquement le plan du sentier, *viam planam aut arduam!* Vous êtes au pied du Thabor dans le moment inexprimable de la transfiguration; et ce qui vous occupe est de savoir quelle est la forme de la montagne, sa hauteur, sa largeur, sa végétation? Est-ce là, grand Dieu, le christianisme des apôtres? est-ce celui des pères de l'Eglise? Non, car ce n'est pas celui de Jésus-Christ.

Où vit-on jamais dans l'Evangile cette préoccupation de l'arrangement et des coups de théâtre? C'est la doctrine qui parle, ce ne sont pas les choses. L'Evangile répète la parole, et les objets en sont illuminés. Loyola fait tout le contraire. C'est, comme il le dit si bien[1], par le secours des sens et des objets matériels qu'il veut se relever jusqu'à l'esprit. Il se sert des

---

[1] Admotis sensuum officiis. Exercit. Spirit., p. 182; Deindè repetitiones et usus sensuum velut priùs, ibid. p. 167.

sensations comme d'une embûche pour attirer les âmes, semant ainsi le principe des doctrines ambiguës qui croîtront avec lui. Au lieu de montrer son Dieu tout d'abord, il ne conduit l'homme à Dieu que par un sentier détourné. Est-ce là, encore une fois, la voie droite de l'Evangile?

Tout ceci tient à une différence plus radicale entre le christianisme de Jésus-Christ et le christianisme de Loyola. Cette différence, je la connais, et je vais vous la dire.

Dans l'esprit de l'Evangile, le maître se donne à tous, pleinement, sans réserve, sans réticences. Chaque disciple devient, à son tour, un foyer qui répand la vie, la développe autour de lui; et jamais le mouvement ne s'arrête dans la tradition. Loyola, au contraire, avec une politique dont on n'épuisera jamais le fond, ne communique à ses disciples que la moindre partie de lui-même, l'extérieur ou l'écorce de sa pensée. Il a connu, senti l'enthousiasme dans sa jeunesse. Mais dès qu'il vise à organiser un pouvoir, il n'accorde plus à personne ce principe de liberté et de vie; il garde le foyer, il ne prête que la cendre. Il s'est élevé sur les ailes de l'extase et des ravissements divins, il n'autorise chez les autres que le joug de la méthode. Pour être plus sûr de régner seul, sans successeurs, il commence par retrancher chez eux tout ce qui a fait sa grandeur; et comme il demande pour son Dieu, non pas seulement une crainte filiale, mais une terreur servile, *timor servilis*, il ne laisse aucune issue à l'homme pour relever la tête. Le christianisme fait des apôtres, le jésuitisme des instruments, non des disciples.

Tournons donc nos yeux d'un autre côté; et si comme je l'ai toujours cru, l'âme trop délaissée a besoin de nourriture, si la pensée religieuse souffle de nouveau sur le monde, si l'étoile nouvelle se lève, ne restons pas en arrière, et marchons les premiers au-devant de ce Dieu qui se réveille dans les cœurs. Que d'autres (s'ils le veulent) s'enracinent dans la lettre, courons au-devant de l'Esprit; l'enthousiasme, qui seul crée, renouvelle les sociétés, n'est pas mort en France pour s'être refroidi. Que la génération nouvelle, en qui repose l'avenir, sans se laisser endormir par un trop grand soin des petites choses, aspire à continuer la tradition de vie; et, tous ensemble, montrons que toute religion n'est pas exclusivement, uniquement renfermée chez le prêtre, ni toute vérité dans la chaire sacrée.

III· LEÇON.

CONSTITUTIONS. PHARISAISME CHRÉTIEN.
[24 mai.]

Grâce à vous, la liberté de discussion ne sera pas étouffée; ici comme partout ailleurs le bon droit n'aura eu besoin que de se montrer pour l'emporter sur la violence. A la première nouvelle que le droit d'examen était menacé publiquement, on a pu douter d'une chose si étrange; lorsqu'elle a été certaine, toutes les opinions se sont réunies en un moment; vous vous êtes pressés autour de nous; et, par cette force irrésistible, qui naît de la conscience générale, vous avez prêté à nos paroles le seul appui que nous puissions désirer. Quelle que soit la diversité des impressions à d'autres égards, nous nous sommes confondus dans la même cause. Nous ne pouvions reculer d'un pas; vous ne pouviez nous renier; voilà ce que vous avez tous senti. Je vous en remercie au nom du droit et de la liberté de tous ; les uns et les autres nous avons fait, je crois, ce que nous devions faire.

Ne pensez pas, d'ailleurs, que je n'aie désormais rien de plus pressé que d'envenimer mon sujet. Mon projet est tout différend. Je veux aujourd'hui ce que je voulais il y a un mois, étudier philosophiquement, impartialement, la Société de Jésus que je rencontre, sans pouvoir l'éviter ; j'ajoute que je me fais un devoir de l'étudier, non chez ses adversaires, non pas même dans les œuvres des individus, mais seulement dans les monuments consacrés qui lui ont donné la vie.

Ce qui ne peut manquer de vous frapper, c'est la rapidité avec laquelle cette Société a dégénéré. Où trouver rien de semblable dans aucun autre ordre ? Le cri public s'élève contre elle dès son berceau. La bulle de constitution est de 1540 ; déjà la Société est chassée, d'une partie de l'Espagne en 1555, des Pays-bas et du Portugal en 1578, de toute la France en 1594. de Venise en 1606, du royaume de Naples en 1622 ; je ne parle que des Etats Catholiques. Cette réprobation montre au moins combien le mal a été précoce. Pascal, en s'attachant aux casuistes voisins de son temps, s'est tu sur les origines de la Société; ce grand nom de Loyola a détourné son glaive. Dans le procès du dix-huitième siècle, on a surtout fait comparaître le jésuitisme du dix-huitième siècle. Ce qu'il nous reste à faire, est, en le saisissant dans ses racines, d'établir que cette prompte corruption était inévitable, puisqu'elle était en germe dans le premier principe, et qu'enfin il était impossible au jésuitisme de ne pas dégénérer, puisque par sa nature même, il n'est rien qu'une dégénération du christianisme.

J'ai montré avec impartialité, je l'espère, l'ascète dans Ignace de Loyola. Voyons aujourd'hui le politique. Son grand art est de s'effacer au moment où il touche le but. Lorsque sa petite société est réunie à Venise, et qu'il faut faire le dernier pas, aller à Rome, demander la consécration du pape, il se garde bien de paraître. Il envoie à sa place ses disciples, des hommes simples et soumis à toute autorité. Pour lui, il se cache, craignant de montrer sur son front, s'il paraît, le signe de la toute-puissance; le pape, en agréant les disciples, croit acquérir des instruments; il ne sait pas qu'il vient de se donner un maître.

C'est un trait que Loyola a de commun avec Octave : il touche au but de toute sa vie; pour s'en mieux emparer il commence par le repousser. Au moment où la Société créée par lui, va nommer son chef, Loyola se récuse; il se sent trop petit, trop indigne du fardeau; il ne peut l'accepter. Il sera le dernier de tous, si ses amis ne le contraignent d'être le premier! Après plusieurs années, quand il pense que cette autorité absolue qu'il s'est fait imposer a besoin d'être de nouveau retrempée, il veut abdiquer; lui, le maître des papes, le souverain de cette Compagnie qu'un de ses regards fait mouvoir d'un bout de la terre à l'autre, il menace de quitter sa villa de Tivoli, et de redevenir l'anachorète de Manrèse. Ses mains sont trop faibles, son génie trop timide pour suffire à la tâche; il faut encore que de tous les points du monde chrétien, les membres de la Société le supplient de rester à leur tête. Et ce n'était pas là une autorité douce et débonnaire! Ses disciples, le grand François Xavier, ne lui écrivaient qu'à genoux; pour avoir osé lui adresser une objection sur un point de détail, Laynez, l'âme du concile de Trente, Laynez, qui sera son successeur, tremble à une parole du maître; il demande pour son châtiment de quitter la direction spirituelle du concile, et d'employer le reste de sa vie à enseigner à lire aux enfants. Voilà quel était l'empire de Loyola sur les siens. D'ailleurs, habile à renier leur orthodoxie, dès qu'elle déplaît aux puissants, comme dans l'affaire de l'intérim.

De plus en plus attaché aux petites règles, il condamne dans Bobadilla, dans Rodriguez, cet amour pour les grandes, qui avait fait autrefois sa vie. Lui qui, dans sa jeunesse, avait été emprisonné comme novateur, on l'entend répéter que, s'il vivait mille ans, il ne cesserait de crier contre les nouveautés qui s'introduisent dans la théologie, la philosophie, la grammaire. Il excelle dans la diplomatie, au point de ne rien laisser à inventer à ses successeurs. Son chef-d'œuvre à cet égard, fut de concilier sa toute-puissance avec celle de la papauté. Le pape voulait, malgré lui, créer cardinal, Borgia, un de ses disciples. Loyola décide que le pape offrira, que Borgia refusera, se ménageant ainsi l'orgueil du refus, et l'ostentation de l'humilité. Enfin, après avoir vu l'accomplissement de tout ce qu'il a projeté, la Société reconnue, les *Exercices spirituels* consacrés, la constitution promulguée, il touche à l'agonie, il dicte sa dernière pensée. Quelle est-elle? « Ecrivez; je « désire que la compagnie sache mes dernières *pensées* « *sur la vertu d'obéissance;* » et ces dernières confidences, sont ces mots terribles, qui ont déjà été cités, et qui résument tout : que l'homme devienne tel qu'un cadavre, *ut cadaver*, sans mouvement, sans volonté; qu'il soit tel que le bâton d'un vieillard, *senis baculus*, que l'on prend ou rejette à son gré.

Ainsi ce ne sont pas là des images jetées au hasard dans la constitution; c'est par ces paroles réfléchies, répétées, qu'il prétend terminer sa vie; intime secret de cette âme, sur lequel il revient en mourant. Nous voudrions nous tromper sur ce point; nous ne le pourrions pas. Voilà, il faut l'avouer, un christianisme tout nouveau, car les miracles du Christ étaient faits pour rappeler les morts à la vie; les miracles de Loyola sont faits pour ramener les vivants à la mort. Le premier et le dernier mot du Christ, c'est la vie. Le premier et le dernier mot de Loyola, c'est le cadavre. Le Christ fait sortir Lazare du sépulcre; Loyola veut de chaque homme faire un Lazare au tombeau. Encore une fois, qu'y a-t-il de commun entre le Christ et Loyola?

Je sais que quelques personnes sincères, n'ont pu s'empêcher d'être au moins étonnées du caractère des *Exercices spirituels*, et des citations incontestables que j'ai dû faire. Elles s'échappent en pensant que c'est là sans doute un code, une loi tombée en désuétude, et qui n'est plus pour rien dans la tradition de la société de Jésus. Je ne puis leur laisser ce refuge. Non, le livre des *Exercices spirituels* n'est pas hors d'usage. Au contraire, il est le fondement, non-seulement de l'autorité de Loyola, mais encore de l'éducation de toute la société; d'où la nécessité de l'admettre tout entier, ou en le rejetant, de rejeter avec lui la compagnie dont il est le principe vital ; point de milieu ; car, suivant la compagnie, il est l'œuvre inspirée d'en haut ; la mère de Dieu l'a dicté, *dictante Mariâ.* Loyola n'a fait que le transcrire sous l'inspiration divine.

Que l'on ne pense pas non plus que j'aie choisi méchamment dans l'examen de cet ouvrage, les parties les plus singulières, qui auraient le plus embarrassé ceux que je combats. Je n'ai extrait que les points sérieux ; il en est de ridicules qui renferment déjà le principe des maximes et des subterfuges qu'a combattus Pascal. Croirait-on, par exemple, que Loyola, cet homme si sérieux dans l'ascétisme, soit conduit par son propre système à jouer, feindre la macération ? Comment ! ruser avec ce qu'il y a de plus spontané, avec les saintes flagellations de Madeleine et de François d'Assises ! Oui, quoi qu'il en coûte, pour faire toucher du doigt tout le système, je dois citer les paroles du livre fondamental, des *Exercices spirituels* : et ne riez pas, je vous prie, car je ne trouve rien de plus triste que de pareilles chutes. Toute la pensée est là : — « Servons-nous, dit Loyola, dans la fla-
« gellation, principalement de petites ficelles qui
« blessent la peau, en effleurant l'extérieur, sans

« atteindre l'intérieur, pour ne pas nuire à la santé[1]. »

Quoi! dès l'origine, dans la règle idéale, avant toute dégénération, contrefaire froidement, frauduleusement les stigmates et les meurtrissures des anachorètes et des Pères du désert, qui condamnaient sur leurs flancs exténués les révoltes du vieil homme! Le martyre n'est imposé qu'aux saints, je le sais bien! mais jouer avec le martyre, ruser avec l'héroïsme, frauder la sainteté! qui eût jamais cru que cela fût possible? qui eût jamais cru que cela fût écrit, commandé, ordonné dans la loi? De cette première fraude ne voyez-vous pas naître le sanglant châtiment et le fouet véridique des *Provinciales*?

Nous sommes au cœur de la doctrine. Continuons d'entrer dans cette voie. Le livre des *Exercices spirituels* est le piége perpétuellement tendu par la société; mais comment attirer les âmes de ce côté? Une fois attirées, comment les retenir au début, leur communiquer peu à peu le désir de s'arrêter sur cette amorce, de se fixer dans cette gymnastique extérieure? Comment les enchaîner par degrés, sans qu'elles s'en doutent? Nouvel art qui est dé-

---

[1] Quare flagellis potissimùm utemur ex funiculis minutis, quæ exteriores affligunt partes, non autem adeò interiores, ut valetudinem adversam causare possint.

posé dans un autre ouvrage, presque aussi extraordinaire que le premier; je parle du *Directorium*. Quelques années après la fondation de la société, les membres principaux s'entendirent pour réunir les expériences personnelles qu'ils avaient faites sur l'application de la méthode de Loyola. Le général de l'ordre, Aquaviva, homme d'une politique consommée, tint la plume; de là naquit ce second ouvrage également fondamental, qui est au premier ce que la pratique est à la théorie. Vous avez vu le principe ; voici la *tactique* mise en action. Pour attirer quelqu'un à la société, il ne faut pas agir brusquement, *ex abrupto*. Il faut attendre quelque bonne occasion, par exemple, que cette personne éprouve un chagrin extérieur, ou encore, qu'elle fasse de *mauvaises affaires*[1]. Une excellente commodité se trouve aussi *dans les vices même*[2].

Dans les commencements il faut bien se garder de proposer comme exemples, ceux qui, le premier pas fait, ont été conduits à entrer dans l'ordre; c'est du moins là ce qu'il faut *taire jusqu'au bout*[3]. S'il s'agit de personnes considérables, ou de certains nobles[4], ne

---

[1] Ut si non benè ei succedant negotia. Directorium, p. 16.
[2] Etiam optima est commoditas in ipsis vitiis. *Ib.*, p. 17.
[3] Certè hoc postremùm tacendum. *Ib.*, p. 18.
[4] Et quidam aliquandò nobiles. *Ib.*, p. 67.

pas leur *livrer les exercices complets.* Dans tous les cas, il vaut mieux que l'instructeur se rende chez ces personnes, parce que la chose est ainsi plus *facilement secrète* [1]. Et pourquoi donc tant de secrets dans les affaires de Dieu?

A l'égard du grand nombre, la première chose à faire, est de réduire à la solitude cellulaire celui qui est destiné aux exercices. Là, séparé de l'aspect des hommes, et surtout de ses amis [2], il ne doit être visité que par l'instructeur, et par un valet taciturne, qui n'ouvrira la bouche que sur les objets de son service. Dans cet isolement absolu, lui mettre entre les mains les *Exercices spirituels,* puis l'abandonner à lui-même. Chaque jour, l'instructeur (instructor) paraîtra un moment, pour l'interroger, l'exciter, le pousser plus avant dans cette voie sans retour. Enfin, lorsque cette âme est ainsi dépaysée, brisée, qu'elle s'est jetée elle-même dans le moule de Loyola, qu'elle sent l'étreinte irrésistible, lorsqu'elle est suffisamment déracinée, et que, pour parler comme le *Directorium,* elle *étouffe dans l'agonie* [3], admirez le triomphe de cette diplomatie sacrée! Le rôle de l'instructeur change subitement;

---

[1] Quia sic faciliùs res celatur. Direct., p. 75.
[2] Maximé familiarium. *Ib.,* p. 39.
[3] In illâ quasi agoniâ suffocatur. *Ib.,* p. 223.

d'abord, il pressait, il excitait, il enflammait ; maintenant que tout est fait, il faut montrer une habile indifférence. Non, rien de plus profond, je devrais dire de plus infernal n'a été inventé, que cette patience, cette lenteur, cette froideur, au moment de saisir cet esprit qui déjà ne s'appartient plus. Il est bon, dit le *Directorium*, « de le laisser alors un peu respirer[1]. » Lorsqu'il a « repris jusqu'à un certain point haleine[2], » c'est le moment favorable : car il ne faut pas qu'il soit « toujours torturé[3]. » C'est-à-dire que lorsque cette âme agonisante s'est abandonnée tout entière, vous lui laissez froidement le choix[4] ; il faut que dans cet instant de répit, elle conserve précisément assez de vie pour se croire libre encore de s'aliéner pour jamais. Qu'elle rentre si elle veut dans le monde, qu'elle s'engage dans un autre ordre, si cela lui plaît mieux ; les portes lui sont ouvertes, maintenant qu'elle est enchaînée par les mille replis que l'instructeur a serrés autour d'elle ; la merveille, c'est de prétendre que ce cœur exténué recueille un reste de liberté, pour se précipiter lui-même dans l'éternelle servitude. Rassemblez tout ce

---

[1] Sinendus est aliquando respirare. Directorium, p. 215.
[2] Cum deinde quodammodo respirat. *Ib.*, p. 223.
[3] Non semper affligatur. *Ib.*, p. 216.
[4] Electionem.

que vos souvenirs vous rappellent de combinaisons machiavéliques, et dites si vous trouvez rien qui surpasse la tactique de cet ordre aux prises avec l'âme, en particulier.

Voilà l'individu subjugué; il s'agit de savoir ce qu'il devient au sein de la société; ce qui nous conduit à l'examen rapide de l'esprit des *Constitutions*[1]. Un trait du génie de Loyola, est d'avoir commencé par interdire à ses disciples l'entrée aux charges ecclésiastiques; par ce seul mot il établit une église dans l'Eglise. En interdisant aux siens toute espérance hors de la compagnie, il sait qu'il va les remplir d'une ambition infinie pour l'autorité de l'ordre. Puisque chacun est mûré dans l'institut de Jésus, il faut bien que chacun travaille avec une énergie extraordinaire à agrandir, dorer, glorifier sa prison; nul ne sera ni Evêque, ni Cardinal, ni Pape; tous auront leur part dans l'immortalité de l'ordre. Mais que cette immortalité est étrange! Dans les *Exercices spirituels* éclatent encore au moins les traces de l'enthousiasme passé. Dans les *Constitutions*, tout est froid, glacé comme ces avenues de catacombes, dans lesquelles on range symétriquement de vastes ossuaires. Tout cela est très-ingénieusement construit; on imite les édifices qu'éclaire le soleil de

[1] Regulæ societatis.

vie; par malheur ils sont faits avec les débris des morts; et une société ainsi établie peut durer longtemps sans s'user, parce que le grand principe de vie lui a été retranché dès le commencement.

Loyola, avant de proclamer une de ses règles, la dépose solennellement, pendant huit jours, sur l'autel; soit qu'il s'agisse du principe de sa loi ou d'un règlement d'école, de la charge de l'infirmier, du portier, du gardien des vêtements ou des mystères de la conscience, il donne à chacune de ces choses la même autorité sacrée, rabaissant ainsi les grandes pour relever les petites. Dans sa législation, vous retrouvez la même défiance de l'esprit, que dans ses livres d'ascétisme. Chez tous les fondateurs d'institutions chrétiennes, ce que je sens d'abord, c'est le chrétien, l'homme en soi, la créature de Dieu; dans la loi de Loyola, je ne vois rien que pères provinciaux, préposés, recteurs, examinateurs, consulteurs, admoniteurs, procurateurs, préfet des choses spirituelles, préfet de la santé, préfet de la bibliothèque, du réfectoire, veilleur, économe, etc. Chacun de ces fonctionnaires a sa loi particulière, très-claire, très-positive; il est impossible que chacun d'eux ne sache pas ce qu'il doit faire à chaque heure de la journée. Est-ce tout? Oui, s'il s'agit d'une association temporelle, extérieure ; presque rien, s'il s'agit d'une société réellement chrétienne. Je vois, en effet, des employés qui sont tous admirablement distribués, des fonctionnaires qui chacun ont leur tâche marquée ; mais montrez moi sous tout cela l'âme chrétienne ; au milieu de tant de fonctions, de dénominations, d'occupations extérieures, l'homme m'échappe, le chrétien s'évanouit.

La vie morale, spirituelle, est tarie dans cette loi ; feuilletez-la de bonne foi, sans arrière-pensée ; demandez-vous, si vous le voulez, à chaque page, si c'est la parole de Dieu qui sert de fondement à cet échafaudage ; pour que cela fût, il faudrait au moins que le nom de Dieu fût prononcé, et j'atteste que c'est celui qui y paraît le plus rarement. L'expérience de l'homme d'affaires, des rouages d'une complication extrême, un arrangement savant des personnes et des choses, la régularité anticipée du code de procédure remplacent les prières, les élévations qui font la substance des autres règles. Le fondateur se fie beaucoup aux combinaisons industrieuses, très-peu aux ressources de l'âme ; et dans cette règle de la société de Jésus, tout se trouve, excepté la confiance dans la parole et le nom de Jésus-Christ.

Voilà le caractère le plus important de cette législation. Pour la première fois, les saints ne se fient plus à la puissance spirituelle du Christ; afin de relever son règne, ils font appel directement à des calculs empruntés de la politique des cabinets. L'esprit de Charles-Quint et de Philippe II se substitue à l'esprit de l'Evangile.

De ce sceau de défiance imprimée d'une manière si profonde sur l'œuvre spirituelle de Loyola, voyez naître nécessairement la forme entière de son institution. Premièrement, puisque c'est l'esprit même qui est soupçonné, il en résulte que tous les membres de la communauté, au lieu de se sentir tranquillement, fraternellement unis dans la foi, comme les premiers chrétiens, doivent se tenir les uns et les autres pour autant de suspects; d'où il suit que, dès la première page, au lieu de la prière qui sert d'introduction et de base aux autres règles, la délation est inscrite, comme fondement de la constitution de Loyola [1]. *Se dénoncer mutuellement*, c'est un des premiers mots de la règle; c'est une première concession à la logique. La milice de Loyola n'est plus de celles que l'enthousiasme poussera à combattre en plein soleil; par son

---

[1] Manifestare se se invicem. — Quæcumque per quemvis manifestentur. Regul. Societ. p. 2

origine même, elle sera non plus la légion thébaine, mais la police instituée du catholicisme. Secondement, en vertu du même principe, si l'âme n'est plus le mobile de tout, elle n'est plus qu'un danger; d'où la nécessité de l'exténuer sous le joug cadavéreux d'une obéissance, non pas intelligente, mais aveugle, *obedientia cæca*. Voilà pourquoi la soumission dans les autres ordres n'est rien en comparaison de cette mort volontaire de la conscience. Que d'autres sociétés se distinguent par d'autres vertus; celle de la compagnie de Jésus doit être avant tout la démission de soi-même. Chez les trappistes, l'homme a pu conserver un refuge intérieur dans son propre martyre et son silence; chez les jésuites, l'âme, lors même qu'elle ne le voudrait pas, est obligée de s'échapper à elle-même par surprise, et de se rappetisser dans l'embarras des occupations extérieures.

Une autre conséquence qui rentre dans les deux premières, est la nécessité systématique de réprimer les grands instincts, de développer les petits. On a remarqué que la compagnie de Jésus, si féconde en hommes habiles, n'a pas produit un grand homme après Loyola. En voici la raison; elle est irrécusable. L'orgueil tout castillan de Loyola lui a persuadé que ses disciples seraient incapables de supporter, comme lui, les épreuves de la lutte et de l'enthousiasme ; de là il a étouffé chez les siens les ravissements héroïques qui ont fait sa puissance. Je n'examine pas si cet orgueil du saint Espagnol est conforme à l'Évangile ; je dis seulement qu'en retranchant aux siens les inconvénients de l'enthousiasme et de l'héroïsme divin, il a empêché qu'aucun d'eux ne remontât à sa hauteur ; et je préviens que se ranger à sa loi, ce n'est rien autre chose que faire vœu de médiocrité morale.

Représentez-vous un moment un grand poëte, Dante, par exemple, voulant former une école, et prémunissant d'abord ses disciples contre les dangers de la sensibilité, de l'imagination, des passions poétiques, il ferait précisément ce qu'a fait Ignace de Loyola. Dans les autres ordres, on voit des hommes égaler les fondateurs ; la vie même y augmente de génération en génération. Le dominicain saint Thomas est plus grand que saint Dominique ; mais qui jamais a entendu parler dans la compagnie de Jésus d'un homme qui égalât ou surpassât le fondateur ? Cela est impossible par la nature des choses.

Ajoutez cette dernière considération qui résume ce qui précède : l'ordre de Jésus dans son développement représente exactement l'histoire personnelle d'Ignace de Loyola. D'abord, les premiers disciples, les saint François Xavier, les Borgia, les Rodriguez, les Bobadilla, sont remplis de ce feu que le maître a puisé dans la solitude de la grotte de Manrèse; un génie enthousiaste les mène. Dès la seconde génération, tout est changé; la politique glacée de Loyola, dans sa maturité, a passé déjà dans l'âme des Aquaviva et des successeurs. Pour parler plus justement, c'est l'âme de Loyola lui-même qui semble se refroidir, se glacer de plus en plus dans les veines de la société de Jésus. La société répète son auteur depuis trois siècles; et aujourd'hui l'ordre mourant imite encore, reproduit encore Loyola mourant; comme lui, il se relève sur son séant quand on le croyait perdu; et du milieu de cette agonie, le mot qu'il prononce est encore le dernier de Loyola, la *domination*, *l'obéissance aveugle, obedientia cœca*. Que l'humanité plie comme un bâton dans la main d'un vieillard, *Ut senis baculus!* C'est le testament du fondateur, c'est aussi le dernier vœu de la société.

En suivant la même série d'idées, il ne me sera pas difficile de montrer comment, du même principe tout négatif, du manque de confiance dans l'esprit, est sortie la *Théorie des cas de conscience* qui, pour beaucoup de personnes, marque le trait distinctif du jésuitisme. Le principe de Loyola devait nécessairement produire et développer cet instinct de procédure appliqué à la conscience. En effet, du moment où l'on se défie de l'âme, où le cri de la conscience est tenu pour rien, il faut tout écrire. La parole écrite est mise à la place de la parole intérieure ; la règle des docteurs doit nécessairement remplacer le verbe et la lumière faite pour éclairer chaque homme qui vient en ce monde. Moins une société a de vie, plus elle a d'ordonnances, de décrets, de lois qui se contredisent et se heurtent. Appliquez ceci à la vie religieuse, et voyez dans quel dédale vous entrez ! Comme l'âme n'a plus le droit de tout trancher par un de ces mots souverains, écrits par Dieu même et qui sortent des entrailles intimes de l'homme, les règles amènent d'autres règles, les décisions d'autres décisions, sans qu'il soit possible que sous cet échafaudage de contradictions, l'instinct moral ne demeure pas accablé. Par un renversement inconcevable, qui n'est que la conséquence du principe, ce n'est plus la loi religieuse, qui, par sa simplicité, domine la loi civile. C'est au contraire la loi religieuse, qui vient misérablement, honteusement, imiter, contrefaire, quoi ?. les lois de procédure, les subtilités de la chicane ; c'est la loi divine qui, renversée et dégradée de son unité sublime, vient se calquer sur la forme, la méthode et les arguties des tribunaux scolastiques.

La religion est-elle assez descendue? A la place du prêtre je vois l'avocat patelin au tribunal de Dieu. Eh bien! il faut déchoir encore; car on ne s'arrête pas dans ce chemin. La jurisprudence de la scolastique était au moins corrigée par un fond d'équité qui empêchait le juge de se précipiter volontairement dans l'absurde; le prêtre, en se mettant à la suite de la procédure du moyen âge, s'est condamné à descendre infiniment plus bas. Ne se fiant plus à l'instinct moral dans sa simplicité divine, et n'ayant pas non plus l'indépendance rationnelle du jurisconsulte, où peut aller cet homme avec cette conscience volontairement muette, avec cette raison volontairement aveuglée? où peut-il aller sinon dans ce chemin du hasard et du probabilisme, où renversant dans les ténèbres, l'une sur l'autre, la notion du bien et la notion du mal, s'engageant de plus en plus hors de toute vérité dans un abîme monstrueux, habile seulement à endormir le remords, souvent il prévoit, imagine, devance et crée en théorie le crime même impossible?

Ne vous étonnez donc pas que la dégénération ait été si rapide, puisqu'elle était déjà contenue dans l'idéal même de la société. Je pourrais, si je le voulais, apporter à cet égard, d'étranges témoignages. Ecoutez cet aveu terrible qui échappe à l'un des disciples les plus fameux de Loyola, à l'un de ceux qui se sont le plus rapprochés de son esprit, à l'un de ses contemporains, Mariana! Ce n'est pas moi qui parle, c'est un membre de l'institut de Jésus après cinquante ans passés dans la communauté : « Toute notre institution, dit« il, ne semble avoir d'autre but que d'enfouir sous « terre les mauvaises actions et de les dérober à la « connaissance des hommes [1]. » Je pourrais ajouter à cette confession d'étonnants aveux qu'a oubliés Pascal, sur la manière de capter la bienveillance des princes, des veuves, des jeunes hommes nobles et opulents; j'irais aisément très-loin dans cette voie; je m'arrête.

Est-il besoin, en effet, de dire ce qui vous attache à cette discussion? ce n'est ni son rapport avec le temps où nous sommes, ni la curiosité du scandale. Ce qui vous intéresse, c'est que cette question est en soi-même grande, universelle : laissons-lui ce caractère. Cette question est celle de la réalité et de l'apparence, du vrai et du faux, de la vie et de la lettre. Dès qu'une doctrine veut contrefaire la vie qu'elle a perdue, vous

---

[1] Totum regimen nostrum videtur hunc habere scopum, ut malefacta injectâ terrâ occultentur, et hominum notitiæ subtrahantur.

trouvez le principe et l'élément d'une sorte de jésuitisme, tant chez les anciens que chez les modernes. Je ne serais pas embarrassé de montrer que toute religion a produit tôt ou tard, son jésuitisme qui n'en est rien que la dégénération.

Sans sortir de notre tradition, les Pharisiens sont les jésuites du mosaïsme, comme les jésuites sont les Pharisiens du christianisme. Les Pharisiens ne doutaient-ils pas aussi de l'esprit? ne demandaient-ils pas : qu'est-ce l'esprit? n'étaient-ils pas les défenseurs acharnés de la lettre? le Christ ne les comparait-il pas à des sépulcres? n'est-ce pas aussi la comparaison qui plaît le plus aux nôtres dans leurs constitutions? Si tout cela est vrai, où est la différence? Et s'il n'y a pas de différence, c'est le Christ qui a prononcé en maudissant les scribes et les docteurs de la loi.

Gardez-vous donc (ici je m'adresse à ceux qui, séparés de moi, me montrent le plus d'aversion), gardez-vous donc de vous sceller tout vivants dans ces tombeaux, vous vous repentiriez lorsqu'il serait trop tard. Il y a encore de grandes choses à faire; restez donc où est le combat de l'esprit, le danger, la vie, la récompense. Ne vous perdez pas, ne vous ensevelissez pas dans ces catacombes; vous le savez comme moi : Dieu n'est pas le dieu des morts, il est le dieu des vivants.

Encore, s'il le faut, pourrai-je, par un effort d'un moment, admettre qu'au sortir du moyen âge quelques âmes emportées par trop d'ascétisme, aient eu besoin d'être rangées sous cette règle sèche et glacée. J'admettrai que ces élans du moyen âge, tout à coup comprimés par une méthode accablante, aient tourné, sinon à de grandes pensées, du moins à de hardies entreprises. Mais, de nos jours, en 1843, que vient faire cette doctrine dans le monde? que nous donne-t-elle que nous ne possédions trop abondamment? Nous avons, avant tout, les uns et les autres, faim et soif de sincérité, de franchise. Elle nous apporte la tactique et le stratagème, comme s'il n'y avait pas assez de stratagèmes et de tactique dans le cours visible des affaires! Nous ne pouvons vivre sans liberté; elle nous apporte la dépendance absolue, comme s'il ne restait pas assez d'entraves dans les choses. Nous avons besoin du sens spirituel, grand, puissant, ouvert à tous, régénérateur; elle nous apporte le sens étroit, petit, matériel, comme s'il n'y avait pas assez de matérialisme dans le siècle; nous avons besoin de la vie, elle nous apporte la lettre. En un mot, elle n'apporte rien au monde que ce dont le monde regorge. Et voilà aussi pourquoi le monde n'en veut plus!

Considérez encore que, s'il est un pays sur la terre

dont le tempérament soit incompatible avec celui de la Société de Jésus, ce pays c'est la France. De tous les premiers généraux de l'ordre, de tous ceux qui lui ont donné sa direction, aucun n'est Français. L'esprit de notre pays n'a été communiqué par personne à cette combinaison du levain de l'Espagne, et du machiavélisme de l'Italie au seizième siècle. Je comprends que là où il a ses racines, même combattu par l'instinct public, l'esprit de l'institut a pu produire des hommes d'état, des controversistes, les Mariana, les Bellarmin, les Aquaviva. Mais parmi nous, transplanté hors de son terrain, stérile pour lui-même, le jésuitisme ne peut rien que stériliser le sol. Voyez! tout ici le contredit et le heurte. Si nous valons quelque chose dans le monde, c'est par l'élan spontané : il en est tout le contraire. C'est par la loyauté, même indiscrète, au profit de nos ennemis : il en est tout le contraire. C'est par la rectitude de l'esprit : il n'est que subtilité et détours d'intentions. C'est par une certaine manière de nous enflammer promptement pour la cause d'autrui : il ne s'occupe que de la sienne. C'est, enfin, par la puissance de l'âme : et c'est de l'âme qu'il se défie.

Que veut-on donc que nous fassions d'un institut qui prend à tâche de répudier en chaque chose le caractère et la mission que Dieu même a donnés à notre pays? Je vois bien maintenant qu'il ne s'agit pas seulement de l'esprit de la révolution, comme je disais précédemment. De quoi s'agit-il donc? de l'existence même de l'esprit de la France, tel qu'il a toujours été ; de deux choses incompatibles aux prises, dont l'une doit nécessairement étouffer l'autre ; ou le jésuitisme doit abolir l'esprit de la France, ou la France abolir l'esprit du jésuitisme. C'est là le résultat de tout ce que je viens de dire.

IVᵉ LEÇON.

DES MISSIONS. [31 mai.]

Ce n'est pas notre faute si, dans la voie où nous sommes entrés, nous sommes obligés de veiller à ce que les rôles ne soient pas intervertis. Notre force est dans la franchise de notre situation, et si par hasard elle est mal interprétée dans un lieu[1] d'où l'on parle à la France entière, nous devons un mot d'explication à des paroles qui tombent de si haut. On nous accuse de poursuivre un fantôme. Il serait facile de répondre que nous ne poursuivons rien, que nous n'avons fait que raconter le passé; cependant s'il s'agit d'un fantôme, pourquoi tant de haines et d'efforts pour empêcher seulement qu'on le nomme? Si le jésuitisme est mort, pourquoi tant de violence? S'il vit, pourquoi le renier? Pourquoi? parce qu'aujourd'hui comme tou-

[1] Chambre des députés, séance du 27 mai.

jours, il s'est trop hâté de paraître, parce qu'il s'est trahi par son impatience, parce qu'en se montrant, il a risqué de se perdre. Mais notre peine n'aura pas été inutile, dès que nous avons servi à le manifester. Il est trop tard, désormais, pour se désavouer.

La seule chose qui m'étonne, c'est qu'on nous ait accusés d'attenter à la liberté de l'enseignement, pour avoir maintenu la liberté de discussion. Quoi! nous sommes les violents, les intolérants! Qui l'aurait cru? Violents, parce que nous nous sommes défendus! intolérants parce que nous n'avons pas été exclusifs! Tout ceci est étrange, il faut l'avouer. La tolérance que l'on demande est-ce celle de condamner, de foudroyer sans que personne ait rien à répondre? Le droit commun que l'on réclame est-ce le privilége de l'anathéme? Il faudrait au moins le dire clairement.

A quoi bon tant de détours, quand la question peut être exprimée en un mot? La France dépourvue aujourd'hui de toute association, peut-elle abandonner l'avenir à une association étrangère, puissante, naturellement et nécessairement ennemie de la France? Sans tant d'ambages, je dirai seulement que je vois dans le passé le jésuitisme s'emparer de l'esprit pour le matérialiser, de la morale pour la démoraliser, et je désire passionnément que personne ne s'empare aujourd'hui de la liberté pour la tuer.

Quoi qu'il en soit, donnons-nous le plaisir de considérer notre sujet dans ses rapports les plus grands et les plus généraux. Le jésuitisme, à son origine, s'est imposé, pour tâche, d'étouffer l'idolâtrie et le protestantisme. Voyons comment il a accompli la première de ces entreprises.

Au moment de la découverte de l'Amérique et de l'Asie orientale, la première pensée des ordres religieux fut d'étreindre ces mondes nouveaux dans l'unité de la foi chrétienne. Dominicains, Franciscains, Augustins, marchèrent d'abord dans cette voie; ils s'étaient lassés à contenir l'ancien monde; leurs forces ne suffisaient plus à embrasser le nouveau. A peine formée, la société de Jésus se jeta dans cette carrière; ce fut celle qu'elle parcourut le plus glorieusement. Réunir l'Orient et l'Occident, le Nord et le Midi, établir la solidarité morale du globe, accomplir l'unité promise par les prophètes, jamais il ne se présenta de plus grand dessein au génie de l'homme. Pour atteindre ce but, il aurait fallu la vie toute-puissante du christianisme, à ses origines. Les doctrines qui faisaient l'âme de la société de Jésus, étaient-elles capables de consommer ce miracle? Pour la première fois, des populations inconnues allaient se trouver en contact avec le christianisme; ce moment ne pouvait manquer d'avoir une influence incalculable sur l'avenir. La société de Jésus, en se jetant en avant, pouvait décider ou compromettre l'alliance universelle. Laquelle de ces deux choses est arrivée?

En retrouvant l'Asie orientale, le christianisme découvrait la chose la plus étrange du monde, une sorte de catholicisme particulier à l'Orient, une religion pleine d'analogie extérieure avec celle de la cour de Rome, un paganisme qui affectait toutes les formes et plusieurs des dogmes de la papauté, un Dieu né d'une vierge, incarné pour le salut des hommes, une Trinité, des monastères, des couvents sans nombre, des anachorètes, livrés à des macérations, des flagellations incroyables, tout l'extérieur de la vie religieuse dans l'Europe du moyen âge, ermitages, reliquaires, chevalerie, au sommet de tout cela une sorte de pape, qui, sans commander, impose son autorité infaillible comme celle du Dieu même. Qu'allait faire le catholicisme de l'Europe en se trouvant face à face de ce catholicisme indien? le considérerait-il comme une dégénération d'un principe commun jadis à l'un et à l'autre? ou le tiendrait-il pour une imitation de la vérité contrefaite à plaisir par le Démon? Les chances d'alliance religieuse étaient très-différentes, suivant la solution qu'on réservait à cet étrange problème.

La Société de Jésus, dans cette entreprise, fut en Asie ce qu'elle était en Europe; elle reproduisit là, aussi, dans l'histoire de ses Missions, les phases diverses du caractère de son auteur. Le précurseur qui la devança dans les Indes fut François Xavier de Navarre; il avait reçu, un des premiers, l'impulsion d'Ignace de Loyola. Né comme lui, d'une famille ancienne, il avait quitté le donjon paternel pour venir à Paris, étudier la philosophie et la théologie. A Sainte-Barbe, Loyola lui communique l'enthousiasme de sa jeunesse. Xavier n'eut jamais conscience de la révolution qui remplaça, dans l'esprit du fondateur, l'ermite par le politique. Envoyé en Portugal, et de là aux Indes, avant même que la Société fût reconnue, il conserva l'esprit d'héroïsme, sans presque aucun mélange de calcul humain. Quand on rencontre dans ses lettres, des paroles telles que celles-ci : « Compassez « toutes vos paroles et toutes vos actions avec vos « amis, comme s'ils devaient un jour devenir vos enne- « mis et vos délateurs ; » on croit reconnaître un des derniers conseils de Loyola, tombés dans ce cœur transparent.

Au reste, ce sera une chose éternellement belle,

que cet homme encore jeune, sorti de ce brillant château de Navarre, et qui vient, seul, errer à l'aventure sur les côtes du Malabar. Dans cette Inde merveilleuse, il n'aperçoit d'abord que ceux qui vivent hors des villes, les castes misérables, les bannis, les parias, les petits enfants; dès que le soleil se couche, on le voit prendre une clochette, et s'en aller criant, de huttes en huttes : « Bonnes gens, priez Dieu ! » Il touche à la source de la science orientale ; il ne la voit pas; il croit n'avoir que des âmes d'enfants pour contradicteurs, tandis qu'il est déjà enveloppé par les collèges des Brahmes. Dans cette sainte ignorance de sa situation, il demande qu'on lui envoie des prêtres qui ne soient bons ni pour confesser, ni pour prêcher, ni pour enseigner ; c'est assez s'ils peuvent imposer le baptême. Au nom du Christ enfant, Xavier fraie un sentier invisible jusqu'au cap Comorin ; il prend possession des solitudes infinies, des mers sans rivages, échappant par la grandeur des choses aux étroites influences de la règle de Loyola ; les populations qu'il traverse le considèrent comme un saint homme; c'est là, partout, sa sauvegarde.

Du cap Comorin, il s'embarque ; il traverse, sur une petite felouque, la grande mer des Indes. Poussé, comme il le croit en effet, par le vent du Saint-Esprit, il arrive aux Moluques, et après des peines infinies, au Japon. A cette extrémité de l'Orient, il se trouve pour la première fois aux prises, non plus seulement avec des intelligences brutes, mais avec une religion armée de toutes pièces, avec le boudhisme et ses traditions vivantes ; loin de se laisser déconcerter, il discute dans une langue dont il sait à peine quelques mots ; ou plutôt c'est son air, sa sincérité, sa foi qui parle et qui attire ; son âme habite la région des miracles. Mais cette île du Japon est déjà trop petite pour un si grand amour de prosélytisme ; c'est en Chine, dans ce monde fermé, qu'il veut pénétrer à tout prix. Il s'est fait transporter dans l'île de Sancham, la plus voisine du continent. Encore quelques jours, et un batelier se charge de le placer pendant la nuit à l'entrée de la porte de Canton. Sa foi fera le reste. Ajourné par ce batelier, il meurt en quelque sorte d'attente et d'impatience, à la porte du grand empire. Voilà ce qu'a pu l'enthousiasme d'un homme isolé, sans appui, sans compagnons, sans espoir prochain dans la Société. Cette foi, toute seule, est pour lui une auréole qui le préserve et lui ouvre tous les chemins. Les peuples étrangers, sans comprendre sa langue, voient sur sa figure l'empreinte de l'homme de Dieu ; malgré eux, ils le reconnaissent, le saluent. La fascination se communique; un seul homme a touché ces rivages; il y a déjà une Asie chrétienne. Après la sainteté d'un seul, reste à voir ce qu'ont pu faire le calcul et la ruse, appuyés sur le concours d'un grand nombre.

Sur ce chemin ouvert par l'enthousiasme de Xavier, je vois arriver une autre génération de missionnaires, qui emportent avec eux le livre des *Constitutions*, un *Code* de maximes et d'instructions profondément étudiées.

Si toute cette politique doit concourir à l'établissement de la religion, est-ce du moins le dogme chrétien que l'on va présenter à la croyance des peuples nouveaux? Tant de détours iront-ils aboutir à imposer l'Evangile par surprise? Ici le stratagème éclate dans toute sa grandeur. On a voulu sérieusement faire tomber tout ce monde oriental dans le plus grand piége qui ait jamais été tendu; on a pensé que ces populations immenses, avec leurs religions affermies, leur expérience de tant de siècles, se précipiteraient d'elles-mêmes dans l'embûche; on leur a présenté un faux Evangile, pensant qu'il serait toujours temps de les ramener au vrai. Depuis le Japon jusqu'au Malabar, depuis l'archipel des Moluques jusqu'aux bords de l'Indus, on a voulu envelopper les îles et les continents dans un filet de fraude, en présentant à cet autre univers, un Dieu menteur dans une Eglise menteuse ; et, ce n'est pas moi qui parle ainsi, ce sont les autorités suprêmes, les papes, les Innocent X, les Clément IX, les Clément XII, les Benoît XIII, les Benoît XIV, qui, dans une suite multipliée et non interrompue de décrets, de lettres, de brefs, de bulles, ont tenté, perpétuellement et vainement, de ramener les missionnaires de la société de Jésus à l'esprit de l'Evangile. Chose remarquable et qui montre bien la force du système, les mêmes hommes qui ont été formés pour soutenir la papauté, dès qu'ils ne sont plus sous sa main, se retournent contre ses décrets avec plus de force que tous les ordres ensemble ; il ne dépend pas d'eux qu'ils n'abolissent, dans ces contrées lointaines, non seulement la papauté, mais encore le christianisme.

Car, enfin, quel changement lui faisaient-il subir ? Était-ce qu'ils le pénétraient d'une autre vie, qu'ils l'accommodaient aux mœurs, au climat, aux nécessités d'un monde nouveau ? Non. Qu'était-ce donc ? Peu de chose en vérité. Ces hommes de la société de Jésus, en enseignant le Christ, ne cachaient rien qu'une chose, la passion, la douleur, le calvaire. Ces chrétiens ne reniaient que la croix ; *illos pudet*

Christum passum et crucifixum prædicare. Ils ont honte de montrer le Christ de la passion, sur le crucifix (ce sont les termes de la congrégation des Cardinaux et du pape Innocent X); ou, s'ils font tant que de se servir de la croix, ils l'ensevelissent sous les fleurs répandues au pied des idoles, de telle sorte, qu'en adorant l'idole en public, il soit loisible de rapporter cette adoration à cet objet caché. Et voilà par quels stratagèmes ils pensent gagner des empires et des peuples innombrables. Dans le pays des perles et des pierres précieuses, ces hommes tout extérieurs croient faire merveille, pour attirer les âmes, de ne montrer qu'un Christ triomphant, au milieu des présents des Rois mages, sauf à dire quelque chose de la vérité quand la conversion sera consommée, le baptême reçu. Pour les obliger de renoncer à cette pratique insensée, où leur système les entraîne, il faut décrets sur décrets, mandements sur mandements, bulles sur bulles; les lettres ne suffisant plus, il faut que la papauté arrive pour ainsi dire en personne. Un prélat est envoyé, un Français, le cardinal de Tournon, pour réprimer ce christianisme sans croix, cet évangile sans Passion; à peine arrivé, la société le fait jeter en prison; il y meurt de surprise et de douleur.

D'ailleurs, le dogme ainsi mutilé, l'application se fait immédiatement sentir. S'il faut renier le Christ pauvre, nu, souffrant, que s'ensuit-il? qu'il faut renier aussi les pauvres, les classes bannies, sacrifiées; de là (car on ne s'arrête pas devant cette logique), le refus d'accorder les sacrements aux misérables, aux classes tenues pour infirmes, aux parias[1]. C'est à quoi l'on arrive en effet; et malgré l'autorité et les menaces des décrets de 1645 d'Innocent X, de 1669 de Clément IX, de 1734, 1739 de Clément XII, de la bulle de 1745 de Benoît XIV, on s'obstine dans cette monstruosité d'exclure du christianisme les misérables, c'est-à-dire ceux auxquels il a été d'abord envoyé.

Voici la condamnation que le vicaire apostolique de Clément XI, prononce en 1704, à Pondichéri sur les lieux même : « Nous ne pouvons souffrir que les méde-
« cins de l'âme refusent de rendre aux hommes de basse
« condition les devoirs de charité que ne leur refusent
« pas même les médecins païens, *medici gentiles.* » Les termes de Benoît XIV, en 1727, font peut-être plus vivement encore toucher du doigt cet acharnement des missionnaires à renier les misérables par lesquels avait commencé Saint François Xavier: « Nous voulons et or-
« donnons que le décret sur l'administration des Saints-

---

[1] Infirmis et iam abjectæ et infimæ conditionis vulgò dictis parias.

« Sacrements aux moribonds de basse condition, que
« l'on appelle parias, soit enfin observé et exécuté,
« sans plus de délai, *ulteriori dilatione remotâ.* » Ce
qui n'empêche pas que vingt ans après, la papauté
ne soit contrainte de fulminer de nouveau sur le
même sujet, et, ainsi de suite, jusqu'à l'abolition de
la société. Or, ce ne sont pas là des opinions préconçues, des assertions haineuses; ce sont des faits dépendants de l'autorité devant laquelle nos adversaires
sont contraints de plier la tête.

Maintenant, je le demande, sont-ce là des missions
chrétiennes ou des missions païennes? Dans tous les
cas, qu'ont-elles conservé de l'esprit de l'Évangile? Les
apôtres du Christ trouvèrent aussi, en sortant de Judée, un monde nouveau pour eux, riche, orgueilleux,
sensuel, plein d'or et de joyaux, surtout ennemi des esclaves. Parmi ces hommes, y en eut-il un seul qui, en
présence de la splendeur grecque et romaine, songeât
à dissimuler la doctrine, à cacher la croix devant le
triomphe de la sensualité païenne? au milieu de ce
monde de patriciens, y en eut-il un seul qui reniât
les esclaves? au contraire, ce qu'ils ont fait surtout paraître à la face de cette société fastueuse, est le Dieu
souffrant, le Christ flagellé, l'éternel plébéien dans la
crèche de Béthléem. Ce que les saint Pierre, les saint

Paul, ont montré à Rome, au milieu de son ivresse, est le calice du Calvaire, avec le fiel et l'hysope du Golgotha ; et c'est aussi pourquoi ils ont vaincu. Quel besoin Rome avait-elle d'un Dieu revêtu d'or et de puissance? Cette image de la force lui avait apparu cent fois ; mais être la maîtresse du monde, nager dans les richesses de l'Orient, et rencontrer un dieu nu, flagellé qui prétend la gagner par la croix de l'esclave, voilà quelque chose qui l'étonne, la saisit et finit par la subjuguer.

Imaginez qu'au lieu de cela, les apôtres, les missionnaires de Judée eussent tenté de gagner le monde par surprise, de s'accommoder avec lui, de ne lui montrer de l'Évangile que la partie analogue au paganisme, qu'ils eussent caché le Calvaire et le sépulcre aux voluptueux de la Grèce et de Rome, qu'au lieu de livrer à la terre la parole dans son intégrité, ils n'eussent laissé voir que ce qui devait plaire à la terre ; en un mot, imaginez que les apôtres dans leurs missions eussent tenu la même politique que les missionnaires de la société de Jésus, je dis qu'ils eussent eu dans leurs entreprises auprès du monde romain la même issue que les jésuites auprès du monde oriental : à savoir, qu'après un succès d'un moment, obtenu par surprise, ils eussent été bientôt rejetés et extirpés de la société à laquelle ils seraient venus tendre une embûche. Les princes, habilement circonvenus, auraient pu prêter l'oreille un moment ; mais on n'aurait pas vu les âmes de tant de patriciens, de tant de matrones romaines s'enraciner dans l'Evangile au point de défier toutes les tempêtes. Quelques beaux esprits eussent été attirés par une promesse de félicité dépouillée de la douleur qui la fait acquérir ; mais les esclaves reniés ne seraient pas accourus à la voix du Dieu-esclave. Politique pour politique, celle de Tibère et de Domitien eût valu sans nul doute celle qu'on lui eût opposée. Les ruses du monde, mêlées à l'Evangile, sans tromper le monde, auraient tari l'Evangile à sa source ; le résultat de tant de stratagèmes eût été, en corrompant le Christ, d'en frustrer pour longtemps la terre abusée et détrompée tout ensemble.

C'est là, trait pour trait, l'histoire de la société de Jésus dans ses illustres missions en Orient. Nous nous sommes trop accoutumés dans ce temps-ci à croire que la ruse peut tout dans le succès des affaires. Voyez à quoi elle aboutit sitôt qu'on l'applique sur la grande échelle de l'humanité. Suivez ces vastes entreprises sur les côtes de Malabar, en Chine, surtout dans le Japon. Lisez, étudiez ces événements dans les écrivains de l'Ordre, et comparez le projet avec la réussite! L'histoire de ces missions est en soi très-uniforme : d'abord un succès facile, le chef du pays, l'empereur gagné, séduit, entouré ; une partie même de la population qui suit la conversion du chef; puis, à un moment donné, le chef qui reconnaît ou croit reconnaître une imposture; de là une réaction d'autant plus violente que la confiance a été d'abord entière ; la population qui se détache en même temps que le chef, la persécution qui déracine les âmes véritablement acquises, la mission chassée sans laisser presque aucun vestige, l'Evangile compromis, échoué sur une plage maudite qui reste à jamais déserte; tel est le résumé de toutes ces histoires.

Et cependant qui pourrait les lire sans admiration! Que d'habileté! que d'esprit de ressource! que de science de détails! que de grands courages! et que l'on me connaît mal si l'on croit que je n'ai pas de cœur pour de pareilles choses! que d'héroïsme chez les particuliers! que d'obéissance chez les inférieurs! que de combinaisons chez les supérieurs! On ne peut pousser plus loin la patience, la ferveur et l'audace.

Eh bien! ce qui est plus surprenant que tout cela, c'est que tant de travaux, de dévouements associés, aient abouti à ne rien produire. Comment cela a-t-il pu être? parce que si les individus étaient dévoués, les maximes du corps étaient mauvaises. Vit-on jamais rien de semblable? et que cette société mérite au fond plus de pitié que de colère! Qui a plus travaillé, et qui a moins récolté? elle a semé sur le sable; pour avoir mêlé la ruse à l'Evangile, elle a subi le plus étrange châtiment qui soit au monde ; et ce châtiment consiste à toujours travailler, à ne jamais recueillir. Ce qu'elle élève d'une main au nom de l'Evangile, elle le détruit de l'autre au nom de la politique. Seule, elle a reçu cette terrible loi : qu'elle produit des martyrs et que le sang de ses martyrs ne produit que des ronces.

Où sont, dans cet immense Orient, ses établissements, ses colonies, ses conquêtes spirituelles? Dans ces îles puissantes où elle a régné un moment, que reste-t-il d'elle? qui se souvient d'elle? Malgré tant de vertus privées, de sang courageusement versé, le souffle de la ruse a passé là : il a tout dissipé. L'Evangile porté par un esprit qui lui est opposé, n'a pas voulu croître et fleurir. Plutôt que de confirmer des doctrines ennemies, il a mieux aimé se dessécher lui-même. Voilà ce qu'a produit l'embûche dressée pour envelopper le monde.

Mais j'entends dire : Ils ont fait, pourtant, une

grande chose en Orient.—Oui, sans doute. Laquelle? — Ils ont ouvert la voie à l'Angleterre.—Ah! c'est là que je les attendais, car c'est là que le châtiment est au comble. Ecoutez bien! les missionnaires de la société de Jésus, les messagers, les défenseurs, les héros du catholicisme, ouvrir le chemin au protestantisme! les représentants de la papauté, préparer à l'extrémité du monde les voies à Calvin et à Luther! n'est-ce pas là une malédiction de la Providence? C'est du moins un excès de misère propre à faire pitié à leurs plus grands ennemis. (*Applaudissement*)

Or ce châtiment ne leur a pas été seulement imposé dans l'Asie orientale; partout je vois ces habiles dresseurs d'embûches pris dans leurs propres pièges. On a dit que leurs plus puissants adversaires, les Voltaire, les Diderot, sont sortis de leurs écoles; cela est vrai encore, si vous l'appliquez, non à des individus, mais à des territoires, à des continents entiers. Suivez-les dans les vastes solitudes de la Louisiane et de l'Amérique du nord; c'est un de leur plus beau champ de victoire.

Là aussi, d'autres François Xavier, envoyés par un ordre du chef, s'engagent isolément et silencieusement au milieu des lacs et des forêts non encore parcourus. Ils s'embarquent sur le canot du sauvage;

ils suivent avec lui le cours des fleuves mystérieux ; ils sèment encore là l'Evangile, et, encore une fois, un vent de colère disperse cette semence, avant qu'elle ait pu germer. Le génie de la société marche en secret derrière chacun de ces missionnaires, et stérilise le sol à mesure qu'ils le cultivent. Après un moment d'espérance, tout disparaît, emporté on ne sait par quelle puissance. L'époque heureuse de cette chrétienté sauvage est du milieu du dix-septième siècle ; déjà en 1722, le père Charlevoix vient suivre les traces de ces missions de la société de Jésus. Il en retrouve à peine quelques vestiges ; et ces défenseurs du catholicisme se trouvent encore une fois n'avoir travaillé que pour leurs ennemis ; et ces prétendus apôtres de la papauté ont aussi frayé le chemin au protestantisme qui les enveloppe avant qu'ils l'aperçoivent. En sortant des forêts profondes, où ils ont lutté de stratagèmes avec l'Indien, ils croient avoir bâti pour Rome, ils ont bâti pour les Etats-Unis ; encore une fois, dans la grande politique de la providence, la ruse s'est retournée contre la ruse.

Cependant, il a été donné à la Société de Jésus de réaliser une fois, sur un peuple, l'idéal de ses doctrines ; pendant une durée de cent cinquante ans, elle est parvenue à faire passer tout entier son principe dans l'organisation de la république du Paraguay ; sur cette application politique, vous pouvez la juger dans ce qu'elle a de plus grand. En Europe, en Asie, elle a été plus ou moins contrariée par les pouvoirs existants; mais voici, qu'au sein des solitudes de l'Amérique du midi, un vaste territoire lui est accordé, avec la faculté d'appliquer à des peuplades toutes neuves, aux Indiens des Pampas, son génie civilisateur. Il se trouve que sa méthode d'éducation, qui éteignait les peuples dans leur maturité, semble quelque temps convenir à merveille à ces peuples enfants ; elle sait avec une intelligence vraiment admirable les attirer, les parquer, les isoler, les retenir dans un éternel noviciat. Ce fut une république d'enfants, où se montra un art souverain, à leur tout accorder, excepté ce qui pouvait développer l'homme dans le nouveau né.

Chacun de ces étranges citoyens de la république des Guaranis doit se voiler la face devant les pères, baiser le bas de leur robe; portant dans cette législation d'un peuple les souvenirs des écoles de ce temps-là, pour des fautes légères, les hommes, les femmes, les magistrats eux-mêmes sont fouettés sur la place publique. De temps en temps, la vie fait effort pour éclater dans ces peuplades ainsi emmaillottées ; alors, ce sont des rugissements de bêtes fauves, des émeutes, des révoltes, qui, pour quelque temps, chassent, dispersent les missionnaires ; après quoi, chacun rentre dans son ancienne condition, comme si rien ne s'était passé, la foule dans sa dépendance puérile, les instituteurs dans leur autorité de droit divin. Le bréviaire dans une main, la verge dans l'autre, quelques hommes conduisent et conservent comme un troupeau les derniers débris des empires des Incas. C'est là en soi un grand spectacle, si l'on y joint un art infini à s'isoler du reste de l'univers, et, malgré le silence dont on s'environne, des révolutions continuelles qui excitent je ne sais quel soupçon dont personne ne peut se défendre, ni le roi d'Espagne, ni le clergé régulier, ni le pape. Cette éducation d'un peuple se consomme dans un mystère profond, comme s'il s'agissait d'une trame ténébreuse. De temps en temps, quand ils sont pressés, on voit les pères missionnaires, selon l'expression de l'un d'entre eux, s'élancer avec leurs néophytes à la chasse des Indiens, comme à la chasse des tigres, les enfermer dans une enceinte réservée, peu à peu, les apaiser, les dompter, les parquer dans l'église:

A cette constitution s'attache le triomphe de la société de Jésus ; puisque c'est là qu'elle a pu mettre son âme et son caractère tout entier. Mais, cette colonisation mystérieuse, est-il sûr qu'elle soit le germe d'un grand empire? Où est le signe de vie? Partout ailleurs on entend au moins les vagissements des sociétés au berceau ; ici, j'ai bien peur, je l'avoue, que tant de silence, au même lieu, depuis trois siècles, soit un mauvais augure, et que le régime qui a pu si vite énerver la nature vierge, ne soit pas celui qui développe les Guatimozin et les Montézuma. La société de Jésus est tombée ; mais son peuple du Paraguay lui survit, de plus en plus muet et mystérieux. Ses frontières sont devenues plus infranchissables. Le silence a redoublé, le despotisme aussi; l'utopie de la compagnie de Jésus est réalisée : un état sans mouvement, sans bruit, sans pulsation, sans respiration apparente. Dieu fasse qu'il ne s'enveloppe pas de tant de mystères pour cacher un cadavre!

Ainsi, pour tout résumer à la fois, un héroïsme machiavélique qui s'enlace dans ses propres piéges, ou qui ne laisse après soi que le silence des morts, ce sont les résultats de tant de stratagèmes pour porter la parole de vie; des succès isolés, toujours incertains sur des tribus que séparent des déserts, sur des familles, des individus ; une impuissance complète, dès que l'on entre en lutte avec des peuples formés, avec des religions établies, l'islamisme, le brahmanisme, le bouddhisme.

Cependant, si l'on veut être juste, il faut accuser, non pas seulement la politique de la Société de Jésus, mais un mal plus profond. Pour évangéliser la terre, que présentons-nous à la terre ? Un christianisme divisé. Ce qui, dans les missions, a commencé le mal, c'est l'inimitié des ordres ; ce qui l'a achevé, c'est l'inimitié des cultes.

Partout on a vu, aux extrémités du globe, le catholicisme et le protestantisme se paralyser mutuellement. Disputés par ces influences contraires, que peuvent faire l'islamisme, le brahmanisme, le boudhisme, sinon attendre que nous soyons entre nous d'intelligence ? Le premier pas à faire, est donc de tendre nous-mêmes, non pas à éterniser les discordes, mais à manifester l'unité vivante du monde chrétien ; car nous ne sommes pas seuls dans l'attente du jour qui doit réunir tous les peuples dans le peuple de Dieu. De tant de religions qui se partagent la terre, pas une seule qui n'aspire à effacer toutes les autres par je ne sais quel coup de la providence. Et pourtant voyez-les : elles n'entreprennent plus rien de sérieux les unes sur les autres ; à peine si elles se dérobent par surprise quelques individus ; au reste, plus de projet avoué de se mesurer au grand jour. Je ne sais quoi leur dit qu'elles ne peuvent se vaincre. Supposez que des siècles se passent, vous les trouveriez après cela au même lieu, seulement plus immobiles encore. Quoi que l'on fasse, tels qu'ils sont, ni le catholicisme n'extirpera le protestantisme, ni le protestantisme n'extirpera le catholicisme.

Faut-il donc renoncer à l'unité, à la fraternité, à la solidarité promise? Mais c'est renoncer au christianisme. Vivre indifféremment, l'un à côté de l'autre, comme dans deux sépulcres, sans plus aucun espoir de se toucher le cœur? Cela est la pire des morts. Recommencer des luttes aveugles et sanglantes, cela est impie et impossible. Au lieu de s'amuser à tant de haines stériles, j'imagine donc qu'il vaudrait beaucoup mieux travailler sérieusement sur soi-même à développer l'héritage et la tradition reçue. Car au sein de cette immobilité profonde de cultes qui se tiennent mutuellement en échec, l'avenir appartiendra non à celui qui harcellera le plus ses rivaux, mais à celui qui osera faire un pas. Tous les autres obéiraient à cette manifestation de vie. Ce premier pas seul rouvrirait les empires fermés aujourd'hui aux missionnaires de la lettre. Tant de peuples maintenant suspendus, dont on n'espère plus rien, sentant l'impulsion de l'esprit qui rentre dans le monde, se relèveraient, achèveraient leur itinéraire vers Dieu; et la guerre intestine cessant dans le christianisme, l'entreprise des missions pourrait se consommer un jour.

Vᵉ LEÇON.

THÉORIES POLITIQUES, ULTRAMONTANISME.

Un membre du haut clergé [1], un homme dont je respecte la sincérité, un évêque de France, usant des droits de sa situation et de sa conviction, dans une lettre rendue publique et dirigée en partie contre mon enseignement, conclut par ces paroles qui s'adressent à moi : *Puisqu'il n'a été ni improuvé, ni censuré, ni désavoué, il est évident qu'il a reçu sa mission.* Ces paroles, revêtues d'une si haute autorité, m'obligent de dire une chose qui fera plaisir à nos adversaires, c'est que je n'ai reçu de mission que de moi-même; je n'ai consulté que la dignité, les droits de la pensée ; pour marcher dans cette voie, que je crois être celle de la vérité, je n'ai point attendu de savoir si je serais approuvé ou censuré. Si donc c'est une

---

[1] M. l'évêque de Chartres.

erreur, sous le régime de la révolution, de constater le droit de discussion, si c'est une erreur, dans l'esprit du christianisme, d'invoquer l'unité au lieu de la discorde, la réalité au lieu de l'apparence, la vie au lieu de la lettre, il est juste que cette faute ne retombe que sur moi ; d'autant mieux que je sens bien que je m'y enracine chaque jour, et que j'ai déjà passé l'âge où l'on suit, sans le savoir, l'impulsion et la mission d'autrui. Par quelle faveur aurais-je été choisi pour parler au nom de l'Université, moi qui ne fais pas même partie de ce corps. Non, messieurs ; la faute m'appartient bien tout entière, et, s'il y a un châtiment, il faut qu'il m'appartienne aussi. (*Applaudissements.*)

Le caractère que nous avons démêlé, dès l'origine, dans la doctrine de la Société de Jésus, se marque d'une manière extraordinairement précise, dans son économie et son régime intérieur. Tout l'esprit de la Compagnie est contenu dans le principe d'économie domestique que je vais dévoiler. La Société de Jésus a su concilier tout à la fois, par un prodige d'habileté, la pauvreté et la richesse. Par la pauvreté, elle va au-devant de la piété ; par la richesse au-devant du pouvoir. Mais comment concilier ces deux choses dans le droit ? le voici.

Selon sa règle, soumise au concile de Trente, elle

se compose de deux sortes d'établissements de nature différente : de maisons professes qui ne peuvent rien posséder en propre (c'est là la partie essentielle), et de colléges, qui peuvent acquérir, hériter, posséder (c'est la partie accidentelle) ; ce qui revient à dire que la Société est instituée de manière à pouvoir tout ensemble refuser et accepter, vivre selon l'Evangile, et vivre selon le monde. Soyons plus précis. A la fin du seizième siècle, je trouve qu'elle avait 21 maisons professes et 293 colléges, c'est-à-dire 21 mains pour refuser, et 293 pour accepter et saisir. Voilà, en deux mots, le secret de son économie intérieure. De là, passons à ses relations avec le monde extérieur et politique.

La Société de Jésus, au milieu de ses missions étrangères, a fini par se laisser prendre dans ses propres piéges ; je veux aujourd'hui rechercher si quelque chose de tout semblable ne lui est pas arrivé en Europe ; si la politique du seizième siècle n'est pas devenue entre ses mains une arme à deux tranchants, qu'elle a fini par retourner contre elle-même.

Quel est le caractère d'une religion vraiment vivante, dans ses rapports avec la politique ? c'est de communiquer sa force aux états dont elle devient le fondement ; de faire pénétrer un souffle puissant chez les peuples qui se conforment à son principe; de s'intéresser à eux, de leur prêter appui pour croître sous son ombre. Que diriez-vous, si au lieu de cette vie qui se propage, vous trouviez quelque part une société religieuse, qui à quelque forme politique qu'elle soit associée, monarchie, aristocratie, démocratie, se déclare sourdement l'ennemie de cette constitution, et travaille à la miner, comme s'il lui était impossible de souffrir aucune alliance? Que diriez-vous d'une société qui, dans quelque milieu qu'elle soit jetée, aurait un art souverain à démêler, sous les formes artificielles des lois et des institutions écrites le véritable principe de vie politique, s'appliquant aussitôt à le ruiner par la base?

Aussi longtemps qu'elles ont vécu, les religions de l'antiquité ont servi de fondement à certaines formes politiques, le panthéisme aux castes orientales, le polythéisme aux républiques grecques et romaines. Avec le christianisme, on voit quelque chose de nouveau, un culte qui, sans se complaire exclusivement dans un moule politique, s'allie à toutes les formes des sociétés connues. Comme il est la vie même, il la distribue à tout ce qui fait alliance avec lui, à la monarchie féodale des barbares, aux républiques bourgeoises de Toscane, aux républiques sénatoriales de Venise et de Gênes, aux cortès espagnoles, à la monarchie pure, absolue, limitée, à la tribu, au clan, en un mot à tous les groupes de la famille humaine; et cette âme religieuse, distribuée partout, pénétrant dans toutes les formes pour les accroître et les développer, compose l'organisation du monde chrétien.

Au milieu de ce travail, je vois quelque chose d'étrange qui m'éclaire subitement sur la nature de l'ordre de Jésus. Placé dans une monarchie, il la mine au nom de la démocratie[1]; réciproquement, il mine la démocratie au nom de la monarchie; quel qu'il soit à ses commencements, il finit, chose extraordinaire, par être également contraire à la royauté française, sous Henri III, à l'aristocratie anglaise, sous Jacques II, à l'oligarchie vénitienne, à la liberté hollandaise, à l'autocratie espagnole, russe, napolitaine; ce qui fait qu'il a pu être expulsé trente-neuf fois par des gouvernements de formes non-seulement diverses, mais opposées. Il arrive un moment où ces gouvernements sentent que cet ordre est sur le point d'étouffer, chez eux, le principe même de l'existence; alors de quelque origine qu'ils soient, ils le repoussent après l'avoir appelé. Nous verrons tout à l'heure au profit de quelle idée la société de Jésus provoque, à la longue, la mort

[1] Bellarmin. De potestat. Summ. Pontif. cap. V, p. 77.

de toute forme positive de constitution, d'Etat et d'organisation politique.

En examinant l'esprit des premiers publicistes de l'ordre, on remarque d'abord qu'ils assistent au moment où achevaient de se former les grandes monarchies de l'Europe. L'avenir prochain de l'Espagne, de la France, de l'Angleterre, au seizième siècle, appartient à la royauté; elle personnifie, en ce moment, la vie des peuples et des états. C'est sur le pouvoir royal que se mesurent la pulsation et le battement de vie des peuples modernes au sortir du moyen âge. En l'absence d'autres institutions, il représente, à la fin de la Renaissance, l'œuvre des temps écoulés, l'unité, la nationalité, le pays ; et c'est aussi contre ce pouvoir que se déclarent, à l'origine, les publicistes de la société de Jésus; elle le rabaisse, elle veut le mutiler, quand il renferme le principe de l'initiative et qu'il porte le drapeau.

Mais au nom de quelle idée, les Bellarmin, les Mariana essaient-ils de le ruiner? Qui le croirait? C'est au nom de la souveraineté du peuple. « Les monarchies, « dit cette école, ont été vues en songe par Daniel, parce « qu'elles ne sont que de vains spectres, et qu'elles « n'ont rien de réel qu'une vaine pompe extérieure. » Ne sachant pas quelle idée ils déchaînent, et croyant ne s'armer que d'un fantôme, ils font appel à l'opinion, à la souveraineté populaire, pour abaisser, déprimer la force publique qui les sépare de la domination. Il est vrai qu'après avoir donné le bon plaisir de la foule, *beneplacita multitudinis*, pour base à la monarchie, ces grands démocrates de 1600 ne font nulle difficulté de réduire à rien l'autorité du suffrage général ; en sorte que, renversant la royauté par le peuple, et le peuple par l'autorité ecclésiastique, il ne reste, en définitive, qu'à s'abandonner à leur propre principe.

Aussi, lorsque tous les rôles étaient changés, et que les écrivains de l'ordre s'étaient prématurément servis de la souveraineté pour abolir la souveraineté, savez-vous quel refuge conservèrent ceux qui voulaient protéger la loi civile et politique, contre la théocratie ? L'école de la société de Jésus, menaçait de tuer la liberté par la liberté, avant même qu'elle fût née. Pour échapper à ce piége extraordinaire, Sarpi et les indépendants furent obligés d'avancer que le pouvoir politique, le pouvoir royal était de droit divin, qu'ainsi l'Etat avait sa raison d'être aussi bien que la papauté, qu'il ne pouvait être asservi par elle, puisqu'il avait, comme elle, un fondement inattaquable ; c'est-à-dire, que par un renversement de toute vérité, et par un stratagème qui menaça de détruire à sa source l'idée de l'existence civile et politique, les religieux ne parlant que de la souveraineté du peuple pour la ruiner, les politiques furent contraints de ne parler que du droit divin pour la sauver.

La question ainsi posée, restait, pour la trancher, un pas hardi à faire du côté du parti théocratique ; c'était de pousser les choses jusqu'à la doctrine avouée du *régicide;* on ne plia pas devant cette nécessité. Sans doute, au milieu du vertige de la ligue, il ne manqua pas de prédicateurs de divers ordres, qui allèrent au devant de la doctrine. Mais ce que personne ne nie, c'est qu'il appartient aux membres de la société de Jésus de l'avoir savamment fondée, érigée en théorie. On connaît leur axiome populaire de ce temps là : Il ne faut qu'un pion pour mater un roi !

Depuis 1590 jusqu'en 1620, les docteurs les plus importants de l'ordre, retirés de la mêlée, enfermés paisiblement dans le fond de leurs couvents, les Emmanuel Sâ, les Alphonse Salméron, les Grégoire de Valence, les Antoine Santarem, établissent positivement le droit de l'assassinat politique. Voici en deux mots toute la théorie, qui dans cet intervalle, est très-uniforme. Ou le tyran possède l'Etat par un droit légitime, ou il l'a usurpé. Dans le premier cas, il peut être dépouillé par un jugement public, après quoi chacun devient à son gré l'exécuteur. Ou le tyran est illégitime, et alors chaque homme du peuple peut le tuer. *Unusquisque de populo potest occidere*, dit Emmanuel Sâ en 1590; il est permis à tout homme de tuer un tyran qui est tel quant à la substance, dit un jésuite allemand Adam Tanner, *tyrannus quoad substantiam*; il est glorieux de l'exterminer, *exterminare gloriosum est*, conclut un autre auteur non moins grave; Alphonse Salméron donne au pape le droit de tuer par une unique parole, pourvu que ce ne soit pas lui qui applique la main, *potest verbo corporalem vitam auferre;* car, en recevant le droit de paître les brebis, n'a-t-il pas aussi reçu celui de massacrer les loups, *potestatem lupos interficiendi?* Selon la théorie de Bellarmin, le plus sage, le plus savant, le plus modéré de tous au moins dans les formes, il n'appartient pas aux moines, ni aux ecclésiastiques de massacrer, *cædes facere*, ni de tuer les rois par embûches; l'usage[1] est d'abord de les corriger paternellement, *paternè corripere*, puis de les excommunier, puis de les priver de l'autorité royale, après quoi l'exécution appartient à d'autres. *Executio ad alios pertinet.*

---

[1] *Ipsorum mos est.*

Il est surtout un ouvrage célèbre où ces théories sont résumées avec une audace dont on ne peut trop s'étonner, lorsque l'on pense pour quels lecteurs il fut composé. Je parle du *Livre du roi*, par le jésuite Mariana. Cet ouvrage fut écrit sous les yeux de Philippe II pour l'éducation de son fils. Partout ailleurs le jésuitisme marche par des voies détournées; ici il se relève avec la fierté de l'hidalgos espagnol. Comme il sent que la royauté d'Espagne est engagée dans les liens de la théocratie! en parlant au nom de la Rome papale, il lui est permis de tout dire. De là, quelle étrange franchise à fouler l'autorité civile, pour peu qu'elle veuille sortir d'une dépendance désormais avouée et consentie!

Malgré la différence de génie, on pourrait comparer au prince de Machiavel, le roi de Mariana. Machiavel se sert de tous les vices pourvu qu'ils soient forts ; il veut les faire tourner à l'indépendance politique de l'Etat; Mariana consent à toutes les vertus, pourvu qu'elles aboutissent à la démission de l'Etat, devant l'ordre du clergé. Croiriez-vous qu'il va, au nom de ces mêmes vertus, exiger l'impunité pour tous les crimes que pourraient commettre les ecclésiastiques? et ce n'est pas un conseil, c'est un commandement. « Que personne du clergé ne soit condamné, même

« lorsqu'il aurait mérité de l'être[1]. » Il vaut mieux que les crimes restent impunis, *præstat scelera impunita relinqui*; cette impunité établie, il conclut en exigeant que les chefs du clergé soient, non pas seulement la tête de l'église, mais encore celle de l'Etat, et que les affaires civiles leur soient abandonnées aussi bien que les affaires religieuses. J'aime, je l'avoue, dans ce jésuitisme de Mariana, reconnaître l'orgueil castillan. *Si non, non*, qui se serait attendu à trouver la formule de la franchise des vieilles fueros, transportée dans la diplomatie de Loyola?

Du moins, après ces dures conditions que l'esprit théocratique impose à cette royauté idéale, quelle sorte de garantie va-t-il lui donner? La garantie du poignard. Après que Mariana a lié la royauté par le pouvoir théocratique, pour être plus sûr d'elle, il suspend sur son front la menace de l'assassinat, et fonde ainsi au pied de la papauté, une monarchie absolue, tempérée par le droit du poignard. Voyez, comme au milieu de la théorie, il s'interrompt pour faire briller aux yeux de son royal élève le couteau encore sanglant de Jacques Clément. « Dernièrement, dit-il, a été

---

[1] Neminem ex sacrato ordine supplicio quamvis merito subjiciat. De Rege, lib. I, cap. X, p. 88.

« accompli en France un exploit insigne et magni-
« fique¹, pour l'instruction des princes impies. Clé-
« ment en tuant le roi s'est fait un nom immense,
« *ingens sibi nomen fecit*. Il a péri Clément, l'éternel
« honneur de la France (*æternum Galliæ decus*) selon
« l'opinion du plus grand nombre... jeune homme
« d'un esprit simple et d'un corps délicat... mais une
« force supérieure affermissait son bras et son es-
« prit². »

Cet exemple ainsi consacré, il fonde à son tour sa doctrine du régicide, avec la fermeté de Machiavel. Dans les cas ordinaires, une assemblée doit être réunie pour porter le jugement; en l'absence de cette assemblée, la voix publique du peuple, *publica vox populi*, ou l'avis d'hommes graves et érudits³, doit suffire. Surtout que l'on ne craigne pas que « trop
« d'individus n'abusent de cette faculté de manier le
« fer. Les choses humaines iraient mieux s'il se trou-
« vait beaucoup d'hommes à la forte poitrine, *forti*
« *pectore*, qui méprisent leur propre salut; la plupart
« seront retenus par le soin de leur vie. »

Dans ce chemin que Mariana a suivi avec tant d'as-

---

[1] Facinus memorabile, nobile, insigne. *De rege*, lib. I, cap. VI.
[2] Sed major vis vires et animum confirmabat. *Ib.* p. 54.
[3] Viri eruditi et graves. *Ib.*, cap. VI, p. 60.

surance, un scrupule le saisit tout à coup ; quel est-il ? celui de savoir s'il est permis de se servir du poison aussi bien que du fer ? ici reparaissent les distinctions de la casuistique dont jusqu'à ce moment il s'était affranchi. Il ne veut pas du poison par un motif exclusivement chrétien, parce que le prince en buvant le médicament préparé [1] commettrait à son insu un demi-suicide, chose opposée à la loi évangélique. Cependant, puisque la fraude et la ruse sont légitimes, il trouve ce tempérament, que l'empoisonnement est permis, toutes les fois que le prince ne s'empoisonne pas lui-même ; par exemple si l'on se sert d'un venin assez subtil pour tuer seulement en imprégnant de sa substance le vêtement royal, *nimirùm cum tanta vis est veneni, ut sellâ eo aut veste delibutâ vim interficiendi habeat.*

Maintenant, souvenez-vous que ce livre n'est pas un ouvrage ordinaire, qu'il est écrit pour l'éducation du futur roi d'Espagne ! quelle profondeur et quelle audace ! au milieu de la cour, sous l'or pur de l'évangile et de la morale de Xénophon, faire sentir ainsi d'avance les pointes du fer à la poitrine de ce royal disciple, présenter la menace en même temps que l'enseignement, tenir le bras de la so-

[1] Noxium medicamentum. De Rege, lib. I, cap. VII, p. 67.

ciété levé sur l'enfant qui va régner, attacher devant lui le poignard de Jacques Clément à sa couronne! quel coup de maître de la part de la société de Jésus! de la part de l'instituteur, quelle intrépidité d'orgueil! Pour l'élève, quel avertissement, quel effroi subit, quelle terreur qui ne s'apaisera plus! Ne soyez pas surpris si ce jeune Philippe III vit, comme si son sang s'était figé dans ses veines, s'il se retire autant que possible de la royauté, s'il ne se meut dans la solitude de l'Escurial que pour imiter le pélerinage de Loyola. Depuis ce jour, moitié terreur, moitié respect, la dynastie espagnole de la maison d'Autriche, s'évanouit sous cette main froide, toujours levée contre elle. Cette main ressemble à celle du commandeur dans le Festin de pierre. Roi ou peuple, elle entraîne sans retour quiconque lui abandonne la sienne.

Assurément il était bien permis de pâlir à un jeune Dauphin d'Espagne, lorsqu'un homme aussi habitué que Philippe II à toutes les trames, disait : « Le seul ordre auquel je ne comprenne rien, est l'ordre des jésuites. » Voulez-vous avoir sur eux l'opinion d'un brave, par excellence, auquel ils ont enseigné la peur? Voici la réponse d'Henri IV à Sully, qui s'opposait au rappel des jésuites; le roi avoue qu'il ne

leur rouvre la France que parce qu'il a peur d'eux :
« Par nécessité, il me faut faire à présent de deux
« choses l'une : à savoir, d'admettre les jésuites pure-
« ment et simplement, les décharger des opprobres des-
« quels ils ont été flétris, et les mettre à l'épreuve de
« leurs tant beaux serments et promesses excellentes ;
« ou bien de les rejeter plus absolument que jamais, et
« leur user de toutes les rigueurs et duretés dont on se
« pourra aviser, afin qu'ils n'approchent jamais ni de
« moi, ni de mes états; auquel cas il n'y a point de
« doute que ce soit les jeter dans le dernier désespoir,
« et, par icelui, dans des desseins d'attenter à ma vie,
« ce qui la rendrait misérable et langoureuse, demeu-
« rant toujours ainsi dans la défiance d'être empoi-
« sonné, assassiné ; car ces gens-là ont des intelli-
« gences et des correspondances partout, et grande
« dextérité à disposer les esprits ainsi qu'il leur plaît ;
« qu'il me vaudrait mieux être déjà mort, étant en
« cela de l'opinion de César, que la plus douce mort
« est la moins prévue et attendue [1]. »

Au reste, cette doctrine avouée du *régicide,* n'a eu qu'un temps ; elle appartient à l'époque de ferveur qui a marqué la première phase de l'ordre de Jésus. En 1614, l'époque ayant changé, le droit du poignard est

---

[1] Mémoires de Sully, tome V, p. 113.

remplacé par un établissement plus profond, qui sans tuer l'homme n'anéantit que le roi. Le confesseur succède au régicide; il n'y a plus de Jacques Clément, de Jean Châtel, de Barrière, etc.; mais on voit quelque chose de plus effrayant. Derrière chaque roi, on voit marcher un homme de la société de Jésus, qui nuit et jour, avec l'autorité des menaces infernales, tient cette âme dans sa main, la brise dans les exercices spirituels, la rapetisse au niveau et au ton de la compagnie; elle renonce à produire des ministres, c'est pour s'asseoir elle-même sur le trône, à côté du pénitent. On n'a pu briser la royauté au pied de la théocratie; on fait mieux; on glisse sa tête dans la couronne, à travers le confessionnal, et l'œuvre est consommée. Car il ne s'agit pas de jeter dans l'oreille des rois la vérité vivante, mais bien plutôt d'assoupir, de désarmer leur conscience en la remplissant d'un bourdonnement de haines et de rivalités cupides; et rien n'est étrange comme d'apercevoir, au milieu de la vie qui s'accroît dans les sociétés modernes, tant de princes et de souverains, remués d'une manière mécanique par cette volonté qu'ils empruntent chaque jour, à qui fait profession d'exténuer la volonté.

Partout où une dynastie se meurt, je vois se soulever de terre et se dresser derrière elle comme un mauvais génie, une de ces sombres figures, de confesseurs jésuites, qui l'attire doucement, paternellement dans la mort, le père Nithard auprès du dernier héritier de la dynastie autrichienne en Espagne, le père Auger, auprès du dernier des Valois, le père Peters, auprès du dernier des Stuarts... Je ne parle pas des temps que vous avez vus et qui touchent aux nôtres. Mais rappelez-vous seulement la figure du père Le Tellier, dans les mémoires de St.-Simon! C'est la seule que cet écrivain qui ose tout, ait dépeinte avec une sorte de terreur. Quel air lugubre, quel pressentiment de mort elle répand sur toute cette société! Je ne sache rien en effet de plus effrayant que l'échange qui se fait entre ces deux hommes, Louis XIV et le père Tellier, le roi qui abandonne chaque jour une partie de sa vie morale, le père Tellier qui communique chaque jour une partie de son levain; cette ruine imposante d'un noble esprit qui ne se défend plus; cette ardeur soutenue de l'intrigue qui envahit tout ce que la conscience a perdu; cette émulation de la grandeur et de la petitesse, ce triomphe de la petitesse, puis à la fin l'âme du père Tellier, qui semble occuper la place tout entière de l'âme de Louis XIV et envahir la conscience du royaume; et dans cet incroyable échange qui ôte tout à l'un et ne donne rien à l'autre, la France qui ne reconnaît plus son vieux roi, et qui, par sa mort, se sent délivrée, tout ensemble, du double fardeau de l'égoïsme du pouvoir absolu, et de l'égoïsme d'une religion politique. Quel avertissement! Malgré la différence des temps, qu'il est nécessaire de ne l'oublier jamais! (*Applaudissements.*)

Ici, nous touchons à une révolution décisive dans les théories politiques du jésuitisme. Jamais changement ne fut si prompt ni manœuvre si audacieuse. Nous entrons dans le dix-huitième siècle; les doctrines que le jésuitisme avait soulevées à sa naissance, cessent d'être un fantôme; elles prennent un corps, une réalité dans les esprits. Royauté de l'opinion, souveraineté du peuple, liberté de l'élection populaire, droit fondé sur le contrat social, liberté, indépendance, toutes ces choses cessent d'être de vains mots ; elles circulent, elles s'agitent, elles se développent dans le siècle tout entier. En un mot, ce ne sont plus des thèses de collège; c'est la réalité.

En présence des doctrines par lesquelles ils ont commencé, que vont faire ces intrépides républicains de la société de Jésus? les renier, les écraser s'ils peuvent. Avec cet instinct souverain qu'ils possèdent pour surprendre la vie dans son germe, ils se retournent, ils se précipitent contre leur propre doctrine, sitôt qu'elles commencent à vivre. N'est-ce pas là leur rôle depuis un siècle et demi? en est-il un seul qui dans tout cet intervalle ne se soit appliqué à détruire cette puissance de l'opinion que les fondateurs avaient mise en avant, sans savoir que le mot grandirait, et que le programme de la ligue deviendrait une vérité?

Au seizième siècle, qui proclame, même avec le bon vouloir de Philippe II, la doctrine de la souveraineté du peuple, quand elle n'a aucune chance d'être mise en pratique? La société de Jésus. Au dix-huitième, qui combat avec acharnement la souveraineté du peuple, quand cessant d'être une abstraction, elle devient une institution? La société de Jésus. Quels sont, au dix-huitième siècle, les ennemis les plus injurieux de la philosophie? Ceux qui au seizième, ont posé les mêmes principes que ceux de la philosophie, sans vouloir en faire autre chose qu'une arme de combat. Quels sont ceux, qui au dix-huitième siècle, vont fortifier de leur doctrine le pouvoir absolu et schismatique des Catherine II, des Frédéric II? Ceux qui au seizième ne parlaient que de renverser, de fouler, de poignarder, au nom du peuple, le pouvoir absolu, et schismatique; car il ne faut pas oublier que, lorsque la société de Jésus fut abolie par le pape, elle trouva son refuge, contre l'autorité suprême au sein du despotisme de Catherine II. On vit là, pour un moment, une ligue étrange, celle du despotisme, de l'athéisme, du jésuitisme, contre toutes les forces vives de l'opinion. Depuis 1773 jusqu'à 1814, dans cet intervalle où l'ordre de Jésus est tenu pour mort par la papauté, il s'obstine à vivre malgré elle, retiré pour ainsi dire au cœur de l'athéisme de la cour de Russie : c'est là qu'on le retrouva tout entier, dès qu'on en eut besoin.

Si ce ne sont pas là assez de contradictions, examinez les monuments qui, de nos jours, sont le plus imprégnés de son esprit. Personne n'a reproduit de notre temps avec plus d'autorité que MM. de Bonnald et de Maistre, les nouvelles maximes politiques de l'école théocratique. Demandez-leur ce qu'ils pensent de l'élection, de l'opinion, de la souveraineté du peuple. Cette souveraineté répond pour eux tous, leur orateur M. de Maistre, est un dogme *anti-chrétien* ; voilà pour l'orthodoxie. Mais on ne se contente pas de condamner ce que l'on a autrefois consacré ; il faut encore le bafouer avec cette affectation d'insolence particulière aux aristocraties déchues, quand elles n'ont plus d'autres armes. De là cette souveraineté si vantée par les Bellarmin, les Mariana, les Emmanuel Sà, n'est plus, pour M. de Maistre, qu'une *criaillerie philosophique*[1], c'est la rendre *odieuse et ridicule que de la faire dériver du peuple*[2]. Est-ce assez de défections? Arrivé à ce terme, l'évolution est achevée. On a retourné contre l'institution populaire, l'arme qu'on avait aiguisée contre l'institution monarchique; et si de tout ce qui précède, quelque chose résulte avec une évidence manifeste, c'est qu'après avoir voulu ruiner, au seizième siècle, la royauté par l'autorité du peuple, on a voulu ruiner au dix-neuvième les peuples par l'autorité des rois. Ce n'est plus le prince qu'on prétend poignarder; qui est-ce donc? L'opinion.

Ainsi, la fonction du jésuitisme, dans ses rapports avec la politique, a été de briser, l'une par l'autre, la monarchie par la démocratie, et réciproquement, jusqu'à ce que toutes ces formes étant usées ou déconsidérées, il ne reste rien à faire qu'à s'abîmer dans la constitution et l'idéal, inhérents à la Société de Loyola; et je ne puis trop m'étonner que quelques personnes de nos jours, se laissent aveugler par ce semblant de démocratie, sans voir que cette démagogie prétendue de la ligue, ne cachait rien au fond qu'un grand piége

---

[1] M. de Maistre. Le pape, p. 152.
[2] *Ib.*, p. 159.

pour envelopper ensemble la royauté et le peuple. Lorsque Mariana et les docteurs de cette école ont bien argumenté pour appuyer la royauté sur la démocratie, ils ajoutent, sans se déconcerter, ces deux mots qui renversent tout l'échafaudage : la démocratie est une perturbation... *Democratia quœ perversio est.*

Que voulaient donc par de si grands travaux et tant de stratagèmes, les membres de la Société de Jésus? Que veulent-ils encore? Détruire pour détruire? Nullement. Ils veulent, comme il est dans l'esprit de toute société, de tout homme, réaliser l'idéal qu'ils portent écrit dans leur loi, s'en rapprocher par des voies détournées, s'ils ne peuvent l'atteindre directement. C'est la condition de leur nature, à laquelle ils ne peuvent renoncer, sans cesser d'être. Toute la question se réduit à chercher quelle forme sociale dérive nécessairement de l'esprit de la Société de Jésus. Mais pour découvrir ce plan, il suffit d'ouvrir les yeux; puisqu'avec cette audace qu'ils allient au stratagème, leurs grands publicistes l'ont nettement défini. Cet idéal est la théocratie.

Ouvrez seulement les œuvres de leur théoricien, de celui qui les a couverts si longtemps de sa parole, de cet homme qui donne une expression si douce et si tempérée à des idées si violentes, de leur docteur, de leur apôtre, du sage Bellarmin. Il ne s'en cache pas : sa formule de gouvernement est la soumission du pouvoir politique au pouvoir ecclésiastique; c'est pour le clergé, le privilége d'échapper, même en matière civile, à la juridiction de l'Etat[1]; dans le pouvoir politique, c'est la subordination à l'autorité religieuse qui peut le déposer, le révoquer, l'enfermer, *comme un bélier qu'on sépare du troupeau;* c'est encore, de la part du clergé, le privilége d'échapper, même dans les affaires temporelles, au droit commun par le droit divin; en un mot, l'unité de l'Etat et de l'Eglise, à la condition que l'un sera soumis à l'autre, comme le corps l'est à l'esprit; une monarchie, une démocratie, une aristocratie, peu importe, avec le *veto du pape*, c'est-à-dire un état décapité, voilà la charte de l'ordre, rédigée par la plume savante de Bellarmin.

Qui se serait attendu à retrouver, mot pour mot, au seizième siècle, comme contrat d'alliance, l'ultramontanisme de Grégoire VII? Nous touchons à des charbons ardents, à ce qu'il y a de plus intime, de plus impérissable dans l'esprit des fondateurs de l'ordre. Non

---

[1] Clericos à jurisdictione seculari exemptos non tantum in spiritualibus, sed etiam in temporalibus. *De Potest. Summ. Pont.* Cap. 31., p. 273, 281, 283, etc.

contents de ressaisir, jusqu'au sein de la réforme, le dogme religieux du moyen âge, ils ont cru en ressaisir aussi le dogme politique. Dans leur ardeur de tout reprendre, ils ont voulu rendre à la papauté l'ambition qu'elle avait elle-même déposée; comme si cette force souveraine, qui élève et qui dépose les gouvernements par une sorte de miracle social se recomposait péniblement, par la science, les controverses et les luttes ! Cette force paraît en agissant; sitôt qu'elle a besoin de se prouver, elle cesse d'être. Je ne sache pas que Grégoire VII fît de longs traités, pour démontrer la puissance qu'il avait de foudroyer; il foudroyait, en effet, par une lettre, un mot, un signe; le front des rois se courbait, les docteurs se taisaient.

Mais imaginer que, pour remonter à ce Sinaï du moyen âge, pour rassembler les rayons de flamme qui partaient du front d'Hildebrand et atteignaient sans intermédiaire, le cœur des peuples prosternés; imaginer que pour de pareils prodiges ce soit assez d'entasser raisonnements sur raisonnements, textes sur textes, ou même ruses sur ruses, c'est prendre encore une fois la lettre pour la vie. La Société de Loyola a servi à maintenir la papauté sur le trône du moyen âge; et parce que tout l'extérieur est resté le même, elle ne peut concevoir que la papauté n'exerce pas l'autorité qu'elle avait au moyen âge ; la Société de Jésus a rendu à la papauté ses foudres matériels ; elle s'étonne que la papauté n'en terrifie pas le monde ; oubliant que pour foudroyer les esprits, il faut rallumer d'abord les rayons de l'esprit.

Voilà le vrai malheur de cet ordre, dans le système politique. Abusé par la vision matérielle d'Hildebrand, il poursuit un idéal impossible. Il s'agite éternellement, sans aboutir nulle part; malheureux au fond, n'en doutez pas, sous ces prétendues conquêtes; car il s'inquiète plus qu'un autre, et pourquoi? pour inspirer à la papauté une passion d'autorité, qu'elle ne peut plus, qu'elle ne veut plus concevoir. Il se remue, il se fatigue, et pourquoi? pour regagner un lambeau de ce fantôme de Grégoire VII, qui chaque siècle, chaque année, se dérobe davantage et s'enfonce un degré plus avant dans l'irrévocable passé.

Certes, c'est un grand mot que l'unité de l'Eglise et de l'Etat, du spirituel et du temporel. J'admettrai, si l'on veut, facilement que la séparation de l'une et de l'autre est un malheur en soi ; seulement, puisqu'il est arrivé au vu de toute la terre, et qu'on n'a pas su l'empêcher, un plus grand mal serait de le nier. Quand tous les peuples de la famille chrétienne reconnaissaient, au moyen âge, l'autorité d'un même chef, ce put être une chose inestimable que l'intervention de cette suprême autorité dans les affaires publiques. La dépendance des peuples européens sous une même puissance spirituelle ne faisait que constater leur égalité réciproque. Aujourd'hui que la moitié d'entre eux, en repoussant ce joug, se sont donné pleine carrière, comprend-on quelle serait la situation de ceux qui l'accepteraient pleinement comme par le passé ?

Après la rupture du seizième siècle, que l'on me cite un seul peuple chez lequel l'intervention, même indirecte, du spirituel dans le temporel, c'est-à-dire l'ultramontanisme, n'ait été une cause de ruine ! Depuis quand la France a-t-elle été tout ce qu'elle peut être ? Depuis Louis XIV, et la déclaration de 1682, qui marqua clairement l'indépendance de l'Etat. Au contraire, qu'avez-vous fait des peuples qui sont restés le plus fidèles à vos doctrines ? Qu'avez-vous fait de l'Italie ? au nom de l'unité, vous l'avez partagée en pièces ; elle ne peut se réunir. Qu'avez-vous fait de l'Espagne, du Portugal, de l'Amérique du sud ? ces peuples ont suivi l'impulsion de la théocratie ; comment en sont-ils récompensés ? par toutes les apparences de la mort. Qu'avez-vous fait de la Pologne ; elle aussi était restée fidèle, vous l'avez livrée aux bras du schismatique.

D'autre part, les peuples qui sont aujourd'hui puissants, qui ont du moins pour eux tous les signes de la bonne fortune, ceux qui aspirent à de grandes entreprises, ceux qui s'éveillent, grandissent, l'Angleterre, la Prusse, la Russie, les Etats-Unis, sont-ce là des ultramontains? à vous entendre, c'est à peine si ce sont des chrétiens.

D'où vient un si étrange renversement? Pourquoi la soumission au spirituel, emporte-t-elle partout la décadence et la ruine? pourquoi les peuples qui se sont abandonnés à cette direction sont-ils tombés dans un assoupissement irrémédiable? la nature de l'esprit n'est-elle pas de réveiller, loin d'assoupir? Assurément. L'esprit ne doit-il pas commander au corps? Oui, sans doute. La doctrine de l'ultramontanisme est donc en soi philosophiquement, théoriquement vraie? Je la tiens en effet pour légitime. Que peut-il y manquer, pour que la providence la réfute d'une manière si frappante? Une seule condition, par exemple, si tous les rapports étant renversés, l'esprit cessait de penser et laissait cette tâche au corps; si l'on conservait le mot sans conserver la réalité, si le spirituel s'était laissé déposséder de l'esprit, si, par un bouleversement insigne, il y avait eu depuis trois siècles plus de martyrs dans les révolutions politiques que dans les querelles ecclésiastiques, plus d'enthousiasme chez les laïques que chez les réguliers, plus de ferveur dans la philosophie que dans la controverse, en un mot, plus d'âme dans le temporel que dans le spirituel. Il en résulterait que les uns auraient gardé la lettre pendant que les autres auraient conquis la chose ; mais, pour mener le monde, il ne suffit pas de dire du bout des lèvres : Seigneur, Seigneur ; il faut encore que ces paroles, pour renfermer la puissance, renferment la réalité, l'inspiration et la vie.

VIᵉ LEÇON.

PHILOSOPHIE, DU JÉSUITISME DANS L'ORDRE TEMPOREL, CONCLUSION.

[14 juin.

Nous avons vu la société de Jésus tour à tour en lutte avec l'individu dans les *Exercices spirituels* de Loyola, avec la société politique dans l'ultramontanisme, avec les religions étrangères dans les missions; il reste, pour achever l'examen de ses doctrines, à les voir aux prises avec l'esprit humain, dans la philosophie, la science et la théologie. Ce n'était rien d'envoyer au bout du monde de hardis messagers, de gagner par surprise quelques peuplades à un évangile déguisé, de ruiner la royauté par le peuple, le peuple par la royauté; ces projets à moitié consommés et qui semblent si ambitieux, pâlissent tous devant la résolution de refaire par la base, l'éducation du genre humain.

Les fondateurs de l'ordre ont parfaitement compris les instincts de leur temps; ils naissent au milieu d'un mouvement d'innovation qui saisit toutes les âmes; l'esprit de création, de découverte déborde partout; il emporte, entraîne le monde. Dans cette sorte d'ivresse de la science, de la poésie, de la philosophie, on se sentait précipité vers un avenir inconnu. Comment arrêter, suspendre, glacer la pensée humaine au milieu de cet élan? Il n'y avait pour cela qu'un seul moyen; c'est celui que tentèrent les chefs de l'ordre de Jésus : se faire les représentants de cette tendance, y obéir pour mieux l'arrêter, bâtir sur toute la terre, des maisons à la science pour emprisonner l'essor de la science, donner à l'esprit un mouvement apparent qui lui rende impossible tout mouvement réel, le consumer dans une gymnastique incessante et sous de faux semblants d'activité, caresser la curiosité, éteindre dans le principe le génie de découverte, étouffer le savoir sous la poussière des livres, en un mot faire tourner la pensée inquiète du seizième siècle dans une roue d'Ixion, voilà quel fut, dès son origine, ce grand plan d'éducation suivi avec tant de prudence et un art si consommé. Jamais on ne mit tant de raison à conspirer contre la raison.

On a accusé la société de Jésus d'avoir persécuté

Galilée. Elle a fait mieux que cela en travaillant avec une habileté incomparable à rendre impossible dans l'avenir le retour d'un autre Galilée, et en extirpant de l'esprit humain la manie de l'invention. Elle a rencontré devant elle cet éternel problème de l'alliance de la croyance et de la science, de la religion et de la philosophie. Si, comme les mystiques du moyen âge, elle se fût contentée de mépriser l'une et d'exalter l'autre, nul doute que le siècle ne l'eût pas écoutée. Il faut lui rendre la justice qu'elle a voulu au moins laisser subsister les deux termes; mais comment a-t-elle résolu le problème de l'alliance? en faisant nominativement briller la raison, en lui accordant toutes les chances de la vanité, tous les dehors de la puissance, à la seule condition de lui en refuser l'usage. De là, dans quelque lieu que la Société s'établisse, au milieu des villes, comme au milieu des solitudes des grandes Indes ou de l'Amérique, elle bâtit, en face l'un de l'autre, une église et un collège; une maison pour la croyance, une maison pour la science. N'est-ce pas la marque d'une impartialité souveraine? Tout ce qui rappelle ou satisfait l'orgueil de la pensée humaine, manuscrits, bibliothèques, instruments de physique, d'astronomie, est rassemblé dans le fond des déserts. Vous diriez d'un temple dressé à la raison humaine. Sans nous laisser arrêter par ces dehors, pénétrons au fond du système; consultons l'esprit qui donne un sens à tout l'établissement. La Société, dans des règles destinées à être secrètes, a dressé elle-même la constitution de la science, sous le titre de *Ratio studiorum*. L'une des premières injonctions que je rencontre est celle-ci : « que personne, « même dans les matières qui ne sont d'aucun danger « pour la piété, ne pose jamais une question nouvelle; » NEMO NOVAS INTRODUCAT QUÆSTIONES... Quoi! lorsqu'il n'y a aucun danger, ni pour les personnes, ni pour les choses, ni même pour les idées, s'emprisonner, dès l'origine, dans un cercle de problèmes, ne jamais regarder au delà, ne pas déduire d'une vérité conquise une vérité nouvelle! N'est-ce pas là stériliser le bon denier de l'Evangile? n'importe. Les termes sont précis; la menace qui les accompagne ne permet pas d'ambages. « Quant à ceux qui sont d'un esprit « trop libéral, il faut absolument les repousser de l'en- « seignement [1]. » Du moins, s'il est défendu d'attirer l'intelligence vers des vérités nouvelles, sans doute il sera libre à chacun de débattre les questions proposées, surtout si elles sont aussi vieilles que le monde. Non, cela n'est pas permis; expliquons-nous. Je vois

---

[1] Hi a docendi munere sine dubio removendi. Rat. St., p. 172.

de longues ordonnances sur la philosophie ; je suis curieux de savoir ce que peut être la philosophie du jésuitisme ; je m'attache à cette partie qui résume la pensée de toutes les autres ; et que trouvé-je? la confirmation éclatante et matérielle de tout ce que j'ai dit jusqu'à ce jour. En effet, à ce mot de philosophie, vous vous attendez à rencontrer les questions sérieuses et vitales de la destinée, ou du moins cette sorte de liberté que le moyen âge a su concilier avec la subtilité de la scolastique. Détrompez-vous ; ce qui brille dans ce programme, est ce qu'on ne peut y faire entrer ; c'est l'habileté à éloigner tous les grands sujets, pour ne maintenir que les petits. Devineriez-vous jamais de qui, d'abord, il est défendu de parler dans la philosophie du jésuitisme? Il faut premièrement ne s'occuper que le moins possible de *Dieu*, et même n'en pas parler du tout : *Quæstiones de Deo... prætereantur!* « Que l'on ne permette pas de s'arrêter à l'idée de « l'Être plus de *trois ou* de *quatre jours* » (et le cours de philosophie est de trois ans)[1]. Quant à la pensée de substance, il faut absolument n'en rien dire (*nihil dicant*)! surtout bien éviter de traiter des principes[2]; et par-dessus tout, s'abstenir, tant ici qu'ailleurs (*multò*

---

[1] Adeò ut tridui vel quatridui circiter spatium non excedant. *Ib*, p. 227.

[2] Caveat ne ingrediantur disputationem de principiis. *Ib*. p. 227.

verò magis abstinendum) de s'occuper en rien ni de la cause première, ni de la liberté, ni de l'éternité de Dieu. *Qu'ils ne disent rien, qu'ils ne fassent rien*[1], paroles sacramentelles qui reviennent sans cesse, et forment tout l'esprit de cette méthode philosophique; *qu'ils passent, sans examiner, non examinando*, c'est le fond de la théorie.

Ainsi, encore une fois, mais d'une manière plus frappante qu'en aucune autre matière, l'apparence à la place de la réalité, le masque au lieu du personnage. Concevez-vous un moment ce que pouvait être cette prétendue science de l'esprit, décapitée, dépossédée de l'idée de cause, de substance, et même de Dieu, c'est-à-dire, de tout ce qui en fait la grandeur? Ils montraient bien, d'ailleurs, quel état ils en faisaient, par cette clause étrange de la règle : « Si « quelqu'un est inepte dans la philosophie, qu'il soit « appelé à l'étude des cas de conscience[2]; » quoiqu'à véritablement parler, je ne sache, si dans ces mots il y a plus de mépris pour la philosophie ou pour la morale théologique.

Du reste, voyez combien ils sont conformes à eux-mêmes ; dès l'origine, ils se sont défiés de l'esprit, de

---

[1] Nihil dicant, nihil agant!

[2] Inepti ad philosophiam, ad casuum studia destinentur. *Rat Stud.*, p. 172.

l'enthousiasme, de l'âme ; par où ils ont été conduits à se défier de ce qui est le principe et la source de tout cela, je veux dire, de l'idée même de Dieu. Dans la crainte qu'ils ont toujours eue de la grandeur réelle, ils devaient arriver à se faire une science athée, une métaphysique athée, qui, ne participant en rien de la vie, en eût néanmoins tous les simulacres. De là, après avoir retranché le but de la science, cet appareil de discussions, de thèses, de luttes intellectuelles, de combats de paroles, qui caractérisent l'éducation dans l'ordre de Jésus. Plus ils avaient ôté le sérieux à la pensée, plus ils conviaient les hommes à cette gymnastique, à cette escrime intellectuelle, qui couvraient le néant de la discussion. Ce n'étaient que spectacles, solennités [1], joutes d'académies, duels spirituels. Comment croire que la pensée ne fût pour rien au milieu de tant d'occupations littéraires, de rivalités artificielles, d'écrits échangés? Ce fut là, le miracle de l'enseignement de la société de Jésus : attacher l'homme à d'immenses travaux qui ne pouvaient rien produire, l'amuser par la fumée, pour l'éloigner de la gloire, le rendre immobile au moment même, où il était abusé par toutes les apparences d'un mouvement littéraire et philosophique. Quand

---

[1] Solemniorem disputationem,

le génie satanique de l'inertie aurait paru sur la terre, j'affirme qu'il n'aurait pas procédé autrement.

Appliquez un instant cette méthode à un peuple en particulier, chez lequel elle devienne dominante, à l'Italie, à l'Espagne, et mesurez les résultats! Ces peuples, encore tout émus des hardiesses du seizième siècle, n'eussent pas manqué de repousser la mort sous ses traits naturels. Mais la mort qui se présente sous la forme de la discussion, de la curiosité, de l'examen, comment la reconnaître? Aussi, en quelques années, dans ces villes que l'art, la poésie, la politique avaient remplies, Florence, Ferrare, Séville, Salamanque, Venise, les générations nouvelles croient marcher sur les traces vivantes des ancêtres, parce que sous la main des Jésuites, elles s'agitent, se remuent, intriguent dans le vide. Si la métaphysique est sans Dieu, il va sans dire que l'art est sans inspiration; ce n'est plus qu'un exercice[1], un jeu poétique[2]. On s'imagine être encore du pays des poëtes, et continuer la lignée, si l'on commente Ezéchiel avec Catulle, et les *Exercices spirituels* de Loyola avec Théocrite, si l'on compose, pour la retraite spirituelle dans la maison d'épreuve, des églogues imitées mot

---

[1] Exercitatio. V. Imago primi sæculi, p. 441, 460.
[2] Ludus poeticus. V. *ib.*, p. 157, 444, 447, 706.

pour mot de celles de Virgile sur Thyrsis, Alexis et Corydon, *assis seul au bord de la mer*; et ces œuvres monstrueuses, dont la fadeur exhale une odeur de sépulcre blanchi, audacieusement présentées pour le modèle de l'art nouveau, par la société de Jésus, sont précisément celles qui la trahissent le plus.

Elle a cru que l'art n'étant que mensonge, elle pourrait en faire ce qu'elle voudrait, et l'art a déconcerté tous ses calculs; elle s'est élancée dès l'origine dans cette voie, à un excès de ridicule et de faux goût que personne n'atteindra. Le christianisme commence dans la poésie par le chant du *Te Deum*; le jésuitisme commence par l'églogue officielle de saint Ignace et du père Le Fèvre, *cachés sous les personnages* de Daphnis et de Lycidas : *S. Ignatius et primus ejus socius Petrus Faber, sub personâ Daphnidis et Lycidæ.* Or, ce n'est pas là le poëme d'un particulier; c'est un genre propre à la société, celui qu'elle propose elle-même, comme une innovation, dans ses œuvres collectives; sur quoi je ne puis m'empêcher de remarquer que le jésuitisme a pu faire paraître son habileté en toute autre matière, et prendre tous les autres masques; dès qu'il a voulu se servir de la poésie, cette fille de l'inspiration et de la vérité s'est retournée contre lui; elle a vengé, par le comble du ridicule, la philosophie, la morale, la religion et le bon sens tout ensemble.

Faisons encore un pas pour en finir. De la philosophie élevons-nous pour un instant à la théologie, je veux dire aux rapports du jésuitisme avec le monde chrétien au seizième siècle. La question qui dominait la révolution religieuse était une question de liberté. L'église se partage. Entre la réforme et la papauté quelle est la situation que va prendre le jésuitisme? Toute son existence dépend, à vrai dire, de ce point unique; et là sa politique a passé de bien loin celle de Machiavel. Il s'agit au fond, dans tout ce siècle, de se prononcer dans chaque communion pour ou contre le libre arbitre. Pour qui, croyez-vous, vont se décider ces hommes qui dans le fond du cœur ont juré la servitude de l'esprit humain ? Ils n'hésitent pas, ils se décident, dans leurs doctrines, ouvertement, officiellement pour la liberté; ils s'enveloppent, ils se parent de ce drapeau; ils sont, dans cette mêlée du seizième siècle, on ne peut trop le répéter, les hommes du libre arbitre, les partisans de l'indépendance métaphysique. Ils exagèrent si bien, à plaisir, cette doctrine, que les ordres religieux qui ont conservé la tradition vive du catholicisme, les dominicains, se révoltent; l'inquisition menace; les papes, eux-mêmes, ne comprenant rien à tant de profondeur, sont tout près de condamner ; cependant soit frayeur, soit instinct, ils sont retenus et laissent faire, jusqu'à ce que l'événement explique une manœuvre dont ni la papauté, ni l'inquisition, ni les anciens ordres n'avaient pu se rendre compte.

Voici quel était l'avantage d'un jour que s'était donné le jésuitisme, tout à la fois sur la réformation et sur la papauté. En portant au dernier degré la doctrine du libre arbitre, il complaisait aux instincts d'indépendance des temps modernes. Quelle force n'avait-il pas contre les protestants, lorsqu'il pouvait les convier à l'indépendance intérieure, qu'il les invitait à briser le joug de la prédestination et de la fatalité! C'était un argument tout puissant, contre les protestants de France et d'Allemagne ; ils se sentaient ressaisis par l'instinct même qui les avait fait se détacher. Luther et Calvin avaient nié le libre arbitre; les disciples de Loyola pénétrant par cette brèche, reprenaient, regagnaient l'homme moderne, précisément par le sentiment que les temps ont le plus développé chez lui. Avouez que le chef-d'œuvre était d'asservir l'esprit humain au nom de la liberté.

En tout ceci, la politique religieuse du jésuitisme

est absolument la même que celle des premiers empereurs romains. De même qu'Auguste et Tibère se font les représentants de tous les anciens droits de la république pour les étouffer tous, les jésuites se font les représentants des droits innés et métaphysiques de l'esprit humain, pour le réduire au servage le plus absolu qui fut jamais. Ils ont, autant que possible réalisé le vœu de cet empereur : Si le genre humain n'avait qu'une tête ! La différence est qu'au lieu de la trancher, ils se contentent de l'asservir.

En effet, cette âme qu'ils viennent de faire rentrer dans l'indépendance native, qu'en vont-ils faire? La rendre à l'Eglise. Sans doute. Mais à laquelle? Est-ce à l'Eglise démocratique des premiers siècles? à l'Eglise fondée sur la solennelle représentation des conciles? à l'Eglise dont tout le quinzième siècle a demandé la réforme? Tout dépend, en dernière analyse, de savoir quelle est la forme que veut faire prédominer le jésuitisme dans la constitution du catholicisme. Il y avait, au seizième siècle, trois tendances en Europe et trois manières de terminer le débat: faire prédominer les conciles (ce qui était développer l'élément démocratique), ou la papauté (ce qui poussait à l'autocratie), ou enfin comme par le passé les tempérer mutuellement. Quelle fut, au milieu de pareilles questions, la conduite et la théologie de ces grands fauteurs du *droit inné de la liberté humaine* [1] ?

Leur doctrine dans les sessions de Trente et partout ailleurs, fut d'extirper par la racine tout élément de liberté dans l'église, de ravaler dans la poussière les conciles, ces grandes assemblées représentatives de la chrétienté, de saper par la base le droit des évêques, ces anciens élus du peuple, de ne rien laisser subsister théologiquement que le pape, c'est-à-dire, comme s'exprime un illustre prélat français du seizième siècle, de fonder non pas une monarchie, mais tout ensemble une tyrannie temporelle et spirituelle. Comprenez-vous, maintenant, le long détour qui étonnait l'inquisition elle-même ? Ils saisissent l'homme moderne au nom de la liberté ; ils le plongent tout aussitôt, au nom du droit divin, dans une servitude irrémédiable : car, dit leur orateur, leur général, Laynez, l'Eglise est *née dans la servitude, destituée de toute liberté et de toute juridiction*. Le pape seul est quelque chose, le reste n'est qu'une ombre.

Par là, vous le voyez, s'effacent d'un trait de plume, cette tradition de vie divine qui circulait dans tout le corps, cette transmission du droit de la société des

---

[1] Jure innatæ libertatis humanæ. Molina. Comment., p. 761.

apôtres à la société chrétienne tout entière. Au lieu de cette église gallicane reliée aux autres par une même communauté de sainteté, de puissance, de liberté; au lieu de ce vaste fondement qui rattachait les peuples à Dieu, dans une organisation sublime; au lieu de tant d'assemblées provinciales, nationales, générales, qui communiquaient leur vie au chef, et réciproquement puisaient en lui une partie de leur vie, que reste-t-il en théorie dans le catholicisme de la société de Jésus? Un vieillard élevé en tremblant sur le pavois du Vatican; tout se retire en lui; tout s'absorbe en lui. S'il défaille, tout s'écroule; s'il chancelle, tout s'égare; et après cela, que devient cette Eglise de France si magnifiquement célébrée par Bossuet? Un souffle suffit pour la dissiper.

C'est-à-dire, que malgré eux ils communiquent la mort à ce qu'ils veulent éterniser; car, enfin, on ne fera croire à personne qu'il y ait plus d'apparence de vie, lorsque la vitalité est renfermée dans un seul membre, que lorsqu'elle est répandue dans tout l'univers chrétien. Depuis quinze siècles, la chrétienté s'était soumise au joug spirituel de l'église, image de la société des apôtres. Mais ce joug ne leur a pas suffi; ils ont voulu courber le monde tout entier sous la main d'un seul maître. Ici mes paroles sont trop faibles;

j'emprunterai celles d'autrui. Ils ont voulu (c'est l'accusation que leur jeta en face l'Evêque de Paris, en plein concile de Trente) *faire de l'épouse de Jésus-Christ une prostituée aux volontés d'un homme.* Et voilà aussi pourquoi le monde chrétien ne leur pardonnera pas. On eût pu oublier, avec le temps une franche guerre, ou encore des maximes d'une fausse piété, des stratagèmes de détail. Mais, attirer tout d'un coup l'esprit humain dans une embûche, l'appeler, le caresser au nom de l'indépendance intérieure, du libre arbitre, et le précipiter, sans délai, dans l'éternel servage, c'est là une entreprise qui soulève les plus simples. Comme elle n'a pas pour but un pays particulier et qu'elle enveloppe l'humanité tout entière, la réprobation n'est pas seulement dans un peuple, mais dans tous; car, il faut bien un crime universel pour expliquer un châtiment universel.

Ils ont tenté de surprendre la conscience du monde, et le monde leur a répondu. Lorsqu'en 1606, ils furent chassés d'une ville essentiellement catholique, de Venise, ce peuple le plus doux de la terre les accompagna en foule au bord de la mer et leur jeta sur les flots ce cri d'adieu : Allez ! malheur à vous ! *Ande in malora !* Ce cri fut répété dans les deux siècles suivants, en Bohême en 1618, à Naples et dans les Pays-

Bas en 1622, dans l'Inde en 1623, en Russie en 1676, en Portugal en 1759, en Espagne en 1767, en France en 1764, à Rome et sur toute la face de la chrétienté, en 1773. De nos jours, si les hommes, Dieu merci, plus patients, ne disent plus rien, il ne faudrait pas, cependant, réveiller ni tenter ce grand écho, lorsque d'un bout de l'Europe à l'autre, les choses crient encore comme sur la plage de Venise : Allez ! malheur à vous ! *Ande in malora!*

Voilà les observations que j'avais à faire sur les maximes fondamentales de l'ordre de Jésus ; je me suis attaché aux principes, et j'ai montré comment l'ordre y a été rigoureusement fidèle, dans les temps qui ont suivi ; comment il y a eu deux hommes dans la personne du fondateur, un ermite et un politique ; dualité de la piété et du machiavélisme qui à l'origine a été reproduite en chaque chose, dans la théologie, par Laynez et Bellarmin, dans le système d'éducation par le pieux François Borgia et le rusé Aquaviva, dans les missions, par saint François Xavier et par les apostats de la Chine, enfin, pour tout comprendre en un mot, par le mélange de la dévotion de l'Espagne et de la politique de l'Italie.

Nous avons combattu le jésuitisme dans l'ordre spirituel. Cela ne suffit pas ; veillons encore, les uns et les autres, à ce qu'il ne pénètre pas dans l'ordre temporel.

C'est un grand mal assurément qu'il soit entré dans l'église; tout serait perdu s'il s'insinuait dans les mœurs et dans l'Etat ; car vous savez bien que la politique, la philosophie, l'art, la science, les lettres, ont aussi bien que la religion un jésuitisme qui leur est propre. Partout il consiste à donner aux apparences les signes de la réalité. Que deviendrait un peuple en général, si, dans la politique, il possédait toutes les apparences du mouvement et de la liberté : rouages ingénieux, assemblées, discussions, chocs de doctrines, de paroles, changement de noms, et si par hasard, au milieu de tout ce bruit extérieur, il tournait perpétuellement dans le même cercle? N'y aurait-il pas à craindre que tant de dehors et de semblants de vie ne l'accoutumassent peu à peu à se passer du fond des choses?

Que deviendrait une philosophie qui voudrait, à tout prix, exalter sa propre orthodoxie? N'y aurait-il pas à craindre, que sans atteindre la rigueur de la théologie, elle ne perdît le dieu intérieur? que deviendrait l'art, si, pour remplacer le mouvement ingénu du cœur, il voulait faire illusion par le mouvement et le fracas des mots? Que seraient toutes ces choses, si ce n'est l'esprit du jésuitisme, transporté dans l'ordre temporel?

Je ne dis pas que ces choses soient consommées ; je dis qu'elles menacent le monde. Et pour y obvier où est le moyen ? Il est en vous, en vous qui possédez la vie sans le calcul ; conservez-la dans sa source première, puisqu'elle vous a été donnée, non pour vous, mais pour rajeunir et renouveler le monde. Je sais bien que l'on met aujourd'hui en suspicion toutes les idées ; cependant, ne glacez pas d'avance votre vie par trop de soupçons ; et ne croyez pas que, dans notre pays, il n'existe plus d'hommes de cœur décidés à aller dans leur conduite jusqu'où va leur pensée. Le moyen le plus sûr de lutter contre le jésuitisme sous toutes ses formes, voulez-vous que je vous le dise ? ce n'est pas, de ma part, de discourir dans une chaire ; tout le monde peut le faire et beaucoup mieux que moi ; ce n'est pas, de votre côté, de m'écouter avec bienveillance. Non, les paroles ne suffisent plus, au milieu des stratagèmes du monde qui nous enveloppe. Il faut encore la vie ; il faut, avant de nous séparer, jurer ici, les uns pour les autres, solidairement et publiquement, d'établir notre vie sur les maximes les plus opposées à celles que j'ai décrites, c'est-à-dire de persévérer jusqu'au bout, et en toutes choses, dans la sincérité, la vérité, la liberté. En d'autres termes, c'est promettre de rester fidèle au génie de la France, qui est tout ensemble mouvement, force, élan, loyauté, puisque c'est à ces signes que l'étranger vous reconnaît pour Français. Si, pour ma part, je manque à ce serment, que chacun de vous me le rappelle, partout où il me rencontrera !

Mais, s'écrie-t-on, vous qui parlez de sincérité, vous pensez secrètement que le christianisme est fini, et vous n'en dites rien. Annoncez au moins, au milieu de la confusion des croyances de nos temps, par quelle secte vous prétendez le remplacer.

Je n'ai point exagéré mon orthodoxie, je ne veux pas non plus exagérer l'esprit de sectaire que l'on veut bien m'attribuer. Puisqu'on nous le demande, nous le dirons bien haut. Nous sommes de la communion de Descartes, de Turenne, de Latour d'Auvergne, de Napoléon; nous ne sommes pas de la religion de Louis XI, de Catherine de Médicis, du père Letellier, ni de celle de M. de Maistre, ni même de celle de M. de Talleyrand.

D'ailleurs, je suis si loin de croire que le christianisme est à bout, que je suis, au contraire, persuadé que l'application de son esprit ne fait que commencer dans le monde civil et politique. Au point de vue purement humain, une révélation ne s'arrête que lorsqu'elle a fait passer son âme entière dans les institutions vivantes des peuples. Sur ce principe, le mosaïsme fait place à la parole nouvelle, quand après avoir pénétré partout dans la société des Hébreux, il l'a moulée à son image. La même chose est vraie du polythéïsme ; sa dernière heure arrive, aussitôt qu'il achève d'investir de son esprit l'antiquité grecque et romaine.

Cela posé, jetez les yeux, non sur les pharisiens du christianisme, mais sur la pensée de l'Evangile. Qui prétendra que cette parole s'est tout entière incarnée dans le monde, qu'elle n'est plus capable d'aucune transformation, d'aucune réalisation nouvelle, que cette source est tarie, pour avoir abreuvé trop de peuples et d'états? Je regarde le monde, et le vois possédé encore à demi par la loi païenne. L'égalité, la fraternité, la solidarité annoncée, où sont-elles? dans les lois écrites, peut-être ; mais dans la vie, dans les cœurs, où les trouvez-vous?

L'humanité chrétienne s'est modelée, je le veux bien, sur la vie de Jésus-Christ. Je retrouverai, j'y consens, à travers les dix-huit siècles écoulés l'humanité moderne, pleurant et gémissant dans la crèche nue du moyen âge ; je retrouverai encore, au milieu de tant de discordes de l'intelligence, les luttes des scribes et des pharisiens, et sous tant de douleurs poignantes et nationales, l'imitation du calice, l'hysope aux lèvres des peuples flagellés. Mais, est-ce là tout l'Evangile? et la société des frères rassemblés dans un même esprit? et l'union, la concorde, la paix entre tous les hommes de bonne volonté, l'aurore de la transfiguration après la nuit du sépulcre? et le Christ triomphant sur le trône des tribus; n'est-ce pas là aussi une partie du Nouveau Testament? Faut-il d'avance renoncer à l'unité, au triomphe comme à une fausse promesse? Ne faut-il recueillir de l'Evangile, que le glaive et le fiel? Qui oserait le dire, quoique assez de personnes le pensent?

Préparer les âmes à cette unité, à cette solidarité promise est le véritable esprit de l'Education de l'homme moderne. La société de Jésus, dans son système appliqué au genre humain, n'avait pu méconnaître entièrement cette fin, et c'est de quoi je la loue hautement. Le malheur est que pour conduire le monde à l'unité sociale, elle commençait, comme toujours, par détruire la vie, en abolissant, dans les âmes, la famille, la patrie, l'humanité. A peine si vous trouvez ces trois mots prononcés, dans ses constitutions et ses règles, même pour les laïques. Tout s'agite entre l'Ordre et la papauté. Cependant, j'avoue que cette éducation abstraite, brisant chacun des liens sociaux, donnait une certaine indépendance négative, qui explique assez bien le genre d'attrait qu'on y trouvait. On échappait à l'action alors sévère du foyer paternel, à celle de l'Etat, du monde ; tout allait bien, dès qu'on avait satisfait à l'Institut. Ce qui sortait de cette éducation n'était à proprement parler ni un enfant, ni un citoyen, ni un homme ; c'était un jésuite en robe courte.

Pour moi, je ne comprends l'éducation réelle, que si, loin de détruire ces trois foyers de vie, famille, patrie, humanité, on les y fait tous concourir pour quelque chose, selon leur mesure naturelle ; si l'enfant s'élève, par ces degrés, dans la plénitude de la vie, si la famille lui communique d'abord et lentement ses souvenirs, sa tradition qui s'approfondit dans le cœur de la mère ; s'il étend cette première flamme, au pays, à la France, qui devient pour lui une mère plus sérieuse; si l'Etat, en le prenant dans ses bras, en fait un citoyen capable, sur un signe, de courir au drapeau ; si, développant encore cet amour tout vivant, il finit par embrasser l'humanité et les siècles passés dans une étreinte religieuse ; si à chacun de ces degrés, il sent la main du Dieu qui le prend et réchauffe sa jeune âme. Voilà un chemin vers l'unité, qui n'est pas une abstraction, mais où chaque pas se marque par la réalité et le battement du cœur. Ce n'est pas une formule; c'est la vie elle-même.

Le plus grand plaisir que nous pourrions faire à nos adversaires serait, en nous opposant au pharisaïsme chrétien, de nous rejeter dans le scepticisme absolu. Ni le jésuitisme, ni le voltairianisme. Cherchons ailleurs l'étoile de la France.

J'ai commencé ce¹ cours l'hiver dernier, en prémunissant ceux qui m'entendaient contre le sommeil de l'esprit, au sein des jouissances matérielles. Je dois finir par un avertissement semblable. C'est sur vous que peut se mesurer l'avenir de la France. Songez bien qu'elle sera un jour ce que vous êtes au fond du cœur en ce moment. Vous qui allez vous séparer pour vous élancer dans différentes carrières publiques ou privées, vous qui serez demain des orateurs, des écrivains, des magistrats, que sais-je, vous à qui je parle peut-être pour la dernière fois, si jamais il m'est arrivé de réveiller en vous un instinct, une pensée d'avenir, ne les considérez pas, plus tard, comme un rêve, une illusion de jeunesse qu'il est bon de renier, sitôt qu'on pourrait l'appliquer, c'est-à-dire, sitôt que l'intérêt s'en mêle. Ne reniez pas, à votre tour, vos propres espérances. Ne démentez pas vos pensées les meilleures, celles qui sont nées en vous,

---

¹ Voy. l'Appendice.

sous l'œil de Dieu, quand, éloignés des convoitises du monde, ignorés, pauvres peut-être, vous demeuriez seuls en présence du ciel et de la terre. Bâtissez d'avance autour de vous un mur que la corruption ne puisse surmonter; car la corruption vous attend, au sortir de cette enceinte.

Surtout veillez! Pour peu que les âmes s'endorment dans l'indifférence, il y a de tous côtés, vous l'avez vu, des messagers de morts qui arrivent et se glissent par des voies souterraines. Certes, pour se reposer, il ne suffit pas d'avoir travaillé trois jours, même sous un soleil de juillet; il faut combattre encore, non pas sur la place publique, mais dans le fond de l'âme, partout où le sort vous placera ; il faut combattre par le cœur, par la pensée pour relever et développer la victoire.

Qu'ajouterai-je encore! Une chose que je crois bien sérieuse : dans ces écoles si diverses, si multipliées, vous êtes les favorisés de la science comme ceux de la fortune. Tout vous est ouvert, tout vous sourit. Entre tant d'objets présentés à la curiosité humaine, vous pouvez choisir celui auquel vous pousse votre vocation intérieure. Vous avez, si vous le voulez, toutes les joies comme aussi tous les avantages de l'intelligence. Mais, pendant que vous jouissez ainsi de vous-même tout entier, semant chaque jour généreusement dans votre pensée un germe qui doit grandir, combien d'esprits jeunes aussi, altérés aussi de la soif de tout connaître, sont contraints par la mauvaise fortune de se dévorer en secret et souvent de s'éteindre dans l'abstinence de l'intelligence, comme dans l'abstinence du corps! Un mot peut-être eût suffi pour leur révéler leur vocation; mais ce mot ils ne l'entendront pas. Combien voudraient venir partager avec vous le pain de la science! mais ils ne le peuvent. Ardents, comme vous, pour le bien, ils ont assez à faire de gagner le pain de chaque jour; et ce n'est pas là le plus petit nombre, c'est le plus grand.

Si cela est vrai, je dis, que, dans quelque voie que le sort vous jette, vous êtes les hommes de ces hommes, que vous devez faire tourner à leur profit, à leur honneur, à l'accroissement de leur situation, de leur dignité, ce que vous avez acquis de lumière sous une meilleure étoile; je dis que vous appartenez à la foule de ces frères inconnus, que vous contractez ici, envers eux, une obligation d'honneur qui est de représenter partout, de défendre partout leurs droits, leur existence morale, de leur frayer, autant que possible, le chemin de l'intelligence et de l'avenir qui s'est ouvert devant vous, sans même que vous ayez eu besoin de frapper à la porte.

Partagez donc, multipliez donc le pain de l'âme; c'est une obligation pour la science aussi bien que pour la religion; car, il est certain qu'il y a une science religieuse, et une autre qui ne l'est pas. La première distribue, comme l'Evangile, et répand au loin ce qu'elle possède; la seconde fait le contraire de l'Evangile. Elle craint de prodiguer, de disperser ses privilèges, de communiquer le droit, la vie, la puissance à un trop grand nombre. Elle élève les orgueilleux, elle abaisse les humbles. Elle enrichit les riches, elle appauvrit les pauvres. C'est la science impie, et celle dont nous ne voulons pas.

Un mot encore, et j'ai fini. Cette lutte qui peut-être ne fait que commencer a été bonne pour tous; et je remercie le ciel de m'avoir donné l'occasion d'y paraître pour quelque chose; elle peut servir d'instruction à ceux qui sont en mesure d'en profiter. On croyait que les âmes étaient divisées, attiédies, et que le moment était venu de tout entreprendre. Il n'a fallu qu'un danger évident; l'étincelle a jailli, tous se sont réunis en un seul homme. Ce qui arrive ici dans cette question, arriverait, s'il était besoin demain dans toute la France, pour toute question, où le péril serait manifeste. Que l'on ne remue donc pas trop ce que l'on appelle nos cendres. Il y a sous ces cendres un feu sacré qui couve encore.

APPENDICE.

I

Je reproduis ici un morceau que je publiai l'année dernière. Je posais la question dans les termes où elle est établie aujourd'hui par la Critique. Il va sans dire que l'injure fut la seule réponse.

UN MOT SUR LA POLÉMIQUE RELIGIEUSE.
[15 avril 1842.]

Ceux qui spéculent si bruyamment aujourd'hui sur des croyances respectables avaient pris un autre ton depuis plusieurs années; la polémique avait cédé à la poésie; l'ancienne controverse s'était changée en élégie. Ce n'étaient partout, dans cette théologie amoureuse, que cathédrales, ogives parfumées, petits vers demi-profanes, demi-sacrés, qui s'insinuaient en murmurant au cœur des plus rebelles; art mystique, qui pour plus de tolérance sanctifiait les sens; légions d'anges tombés, relevés, qui toujours étaient là pour couvrir de leurs ailes indulgentes l'hérésie ou le péché. Le démon lui-même, toujours pleurant, rimait des vers mélancoliques, depuis qu'il avait pris la peau de l'agneau. Dans ce changement, il n'est pas de voltairien qui ne se fût senti gagné et appelé; c'était non pas une trêve, mais une paix profonde. Tant de douceur, tant d'amour, une piété si compatissante! où est l'âme qui n'en eût pas été touchée? Les temps des prophètes étaient arrivés. Le loup dormait avec la brebis, c'est-à-dire, la philosophie avec l'orthodoxie; les incrédules répétaient sur leur lyre les cantiques spirituels des croyants, et les croyants purifiaient par la rime le doute des incrédules. Que ces temps étaient beaux, mais qu'ils ont passé vite! C'est au milieu de ce paradis terrestre, que tout à coup ces voix emmiellées se sont remplies de fiel! Comment, en un instant, odes, dithyrambes, élégies indulgentes, art plaintif, ont-ils fait place à la prosaïque délation? En ce temps-là, on a vu les mandements se changer en pamphlets; les évêques se sont faits journalistes; les anges tombés ont écrit des brochures; ils ont embouché la trompette infernale dans le nuage d'un feuilleton, et, par excès de malheur, ils ont cité à faux, en sorte que les cieux de l'art catholique se sont voilés, et que l'Université de France, but innocent de cet orage, a été émue jusqu'au plus profond de ses entrailles.

Pour parler sérieusement, que l'on ne dise pas que le catholicisme est ainsi revenu à sa pente naturelle, que son tempérament est d'être intolérant, provocateur, délateur, que c'est là son génie, qu'il faut qu'il y reste fidèle, ou qu'il cesse d'être. Dans la partie de l'Europe où le droit d'examen en matière religieuse est passé profondément dans les mœurs et dans les institutions, le catholicisme a très-bien su se plier ou se réduire aux conditions que le temps et les choses lui ont faites. Là, il partage son église avec les hérétiques; il célèbre la messe dans le même temple où le protestantisme réunit ses fidèles; la même chaire retentit tour à tour de la parole de Luther et des doctrines de Rome. Souvent même j'ai vu le prêtre catholique et le prêtre protestant, réunis dans la même cérémonie religieuse, donner ainsi l'exemple le plus frappant d'une tolérance mutuelle. Là, le catholicisme n'affecte pas de grincer des dents à tout propos; il n'abuse pas de ses foudres; il sait que le temps de la discussion est arrivé pour lui, que la menace, la violence, l'anathème, ne lui rendront aucune des choses qu'il a perdues. Cette nouvelle situation, il l'accepte;

il ne déclame pas, il étudie; il ne foudroie pas ses adversaires, il prend la peine de les réfuter; il ne lève pas la bannière de l'injure et de la calomnie; mais il suit pas à pas ses antagonistes dans tous les détours de la science. A une érudition sceptique, il répond, sans violence, par une érudition orthodoxe; et, dans la situation la plus difficile où un clergé soit placé, il pense que la première chose à faire pour regagner les esprits est de consentir loyalement à la lutte.

Pourquoi les conditions que le protestantisme a faites au catholicisme dans l'Europe du Nord, la philosophie et l'esprit d'examen ne les lui imposeraient-ils pas en France? Il ne faut pas lui laisser perdre un moment de vue qu'il a cessé d'être une religion d'état; qu'après avoir été rejeté de la France révolutionnaire, c'est à lui de la reconquérir, s'il le peut, par la force des doctrines, par l'autorité de la pensée, et qu'il doit mettre dans un oubli profond l'habitude de commander et de régner sans contrôle. Par malheur, lorsqu'il admet la discussion, il semble qu'il ignore où la question est posée; à entendre ses déclamations sur Locke et l'éclectisme, on dirait qu'il ne sait pas même où le danger le menace, et sur quel point le combat est désormais engagé. La question est posée cependant par la théologie moderne avec une précision à laquelle il est impossible d'échapper. Il ne s'agit pas des vagues théorèmes de la philosophie écossaise ; oh ! que le terrain est bien autrement brûlant, et qu'ils seraient peu avancés lorsqu'on leur accorderait tout ce qu'ils demandent avec une ingénuité véritablement effrayante ! Puisqu'ils en détournent la tête, il faut donc les ramener au point vital de toute la question. Depuis cinquante ans, voilà l'Allemagne occupée tout entière à un sérieux examen de l'authenticité des livres saints du christianisme. Ces hommes, de diverses opinions, d'une science profonde et incontestable, ont étudié la lettre et l'esprit des Écritures avec une patience que rien n'a pu lasser. De cet examen est résulté un doute méthodique sur chacune des pages de la Bible. Est-il vrai que le Pentateuque est l'œuvre, non de Moïse, mais de la tradition des lévites, que le livre de Job, la fin d'Isaïe, et, pour tout résumer, la plus grande partie de l'Ancien et du Nouveau-Testament sont apocryphes ? Cela est-il vrai ? voilà toute la question, qui est aujourd'hui flagrante, et c'est celle dont vous ne parlez pas. Si, au siècle de Louis XIV, pareils problèmes eussent été posés, non pas isolément, obscurément, mais avec l'éclat qu'ils empruntent des universités du Nord, j'imagine que les prélats français ne se seraient pas amusés à combattre quelques vagues systèmes, mais qu'ils se seraient aussitôt attachés de toutes leurs forces au point qui met en péril les fondements même de la croyance. Car enfin, dans ce combat où nous sommes spectateurs, nous voyons bien les adversaires de l'orthodoxie qui marchent sans jamais s'arrêter, profitant de chaque ruine pour en consommer une autre : nous ne voyons pas ceux qui les combattent. Ou plutôt, les défenseurs de la foi, abandonnant le lieu du péril, feignent de triompher subtilement de quelques fantômes sans vie, en même temps qu'ils désertent le sanctuaire où l'ennemi fait irruption. Mais nous ne cesserons de les ramener au cercle brûlant que la science a tracé autour d'eux. C'est là, c'est là qu'est le péril, non pas dans les doutes timides que se permet, par intervalles, l'Université de France. Depuis que la science et le scepticisme d'un de Wette, d'un Gésénius, d'un Ewald, d'un Bohlen, ont porté le bouleversement dans la tradition canonique, qu'avez-vous fait pour relever ce qu'ils ont renversé? Depuis que les catholiques, les croyants du Nord, sont aux prises avec ce scepticisme qui menace de détruire l'arbre par la racine, quel secours leur avez-vous porté? Vous n'avez pas même entendu leurs cris de détresse! Où sont les avertissements, les apologies savantes de nos Bossuet, de nos Fénelon, contre les Jurieu et les Spinosa de nos jours? Où est la réfutation des recherches et des conclusions d'un Gésénius sur Isaïe, d'un Ewald sur les Psaumes, d'un Bohlen sur la Genèse, d'un de Wette sur le corps entier des Ecritures? Ce sont là, d'une part, des œuvres véritablement hostiles, puisqu'elles ne laissent rien subsister de l'autorité catholique, et de l'autre, de savants auteurs qui semblent parler sans nulle autre préoccupation que le désir sincère de la vérité; il ne suffit pas de les maudire, il faut les contredire avec une patience égale à celle dont ils ne se sont pas départis. Assurément il est plus facile de s'adresser, comme vous le faites, à une vaine abstraction, poursuivant et terrassant les imaginations que vous vous créez pour cela; mais ce détour ne peut satisfaire personne; car l'ennemi ne se déguise pas, il ne recule pas : au contraire, il vous provoque depuis longtemps. Il est debout, il parle officiellement dans les chaires et les universités du Nord; et, pour nous, simples laïques, que pouvons-nous faire, sinon vous presser de répliquer enfin à tous ces savants hommes qui ne vous attaquent pas sous un masque, qui ne vous harcèlent pas, ne vous provoquent pas en fuyant, mais qui publiquement prétendent vous ruiner à visage découvert?

Répondez donc sans tarder, il le faut ; répondez sans tergiverser, mais aussi sans calomnier personne, et, ne vous servant que des armes loyales de la science et de l'intelligence, revenez au plus tôt là où est le péril ; quittez les ombres sur lesquelles le triomphe est aisé. Entre vos adversaires qui, tranquillement, chaque jour, vous arrachent des mains une page des Ecritures, et vous qui gardez le silence ou parlez d'autre chose, que pouvez-vous demander de nous, sinon que nous consentions à suspendre notre jugement aussi longtemps que vous suspendrez votre réponse ? Avant de songer à attaquer, songez donc à vous défendre, puisque, encore une fois, la philosophie, la philologie, la théologie du Nord, se vantent, à la face du ciel, de vous avoir enlevé les fondements de votre autorité, en détruisant, sous vos yeux, l'autorité de l'Ecriture, sans que vous paraissiez seulement vous apercevoir de ce qui vous manque ! Êtes-vous décidés à laisser effacer sous vos yeux, et sans rien dire, jusqu'à la dernière page des livres révélés ? Certes, ce serait là le spectacle le plus inouï dont on eût entendu parler, que de vous voir triompher quand il faudrait gémir ! Vous parlez de Voltaire, de Locke, de Reid ; mais ils sont morts : ce sont les vivants qui vous assiégent, et ce sont eux dont vous ne vous inquiétez pas ! Et c'est la moment que vous choisissez pour vous enorgueillir de la victoire! et vous parlez, vous agissez comme si rien ne s'était passé! Avouez que c'est là un triomphe effrayant, et que, si vous avez des ennemis, ils doivent désirer qu'il ne finisse pas.

D'où est venue cette illusion? d'une situation fausse pour tout le monde. Les concessions trompeuses que se sont faites mutuellement la croyance et la science, n'ont servi qu'à les altérer l'une et l'autre. L'orthodoxie, qui a voulu pendant quelque temps s'identifier avec la philosophie, en a pris les formes et le manteau. De son côté, la philosophie s'est vantée d'être orthodoxe; déguisant ses doctrines, elle a souvent affecté le langage de l'église; après l'avoir bouleversée au siècle dernier, elle a prétendu, dans celui-ci, la réparer sans la changer. Dans cette confusion des rôles, que de pensées, que d'esprits ont été faussés! et, pour résultat, quelle stérilité! Enchaînée par cette fausse trêve, la tradition, transformée, altérée, méconnaissable, avait perdu son propre génie. La langue même se ressentait de ce chaos. On ne parlait plus de *l'église*, mais de *l'école* catholique. D'autre part, que devenait la philosophie sous son masque de chaque jour? Obligée de détourner le sens de chacune de ses pensées, se ménageant toujours une double issue, l'une vers le monde et l'autre vers l'église, parlant à double entente, elle retournait à grands pas vers la scolastique, dont elle avait déjà pris soin d'exalter par avance les services et le génie. A petit bruit, sans scandale, on marchait en France à la ruine de la religion par la philosophie, et de la philosophie par la religion, ou plutôt au néant, puisque le véritable néant, c'est d'habiter le mensonge; c'est, pour le croyant, de déguiser sa croyance sous l'apparence du système; c'est, pour le philosophe, de déguiser sa philosophie sous les insignes de ceux qui la combattent.

Les attaques violentes, injustes, quelquefois calomnieuses, qui viennent de retentir sur tous les tons, peuvent donc avoir le grand avantage de replacer chacun dans sa condition naturelle. Il faut même, jusqu'à un certain point, féliciter l'église de s'être lassée la première de la trêve menteuse que l'on avait achetée si chèrement de part et d'autre; et nous ne songerons pas à nous plaindre, si tout cet éclat peut ramener sur le terrain de la vérité les sectes religieuses et les sectes philosophiques, qui semblaient, d'un commun accord, vouloir également s'y soustraire.

Tout serait, en effet, perdu, si la même indifférence qui se glisse peu à peu dans la vie civile, si les mêmes transactions, les mêmes accommodements, les mêmes déguisements où s'use la société politique, pénétraient jusque dans les plus hautes régions de l'intelligence, dans le domaine des croyances et des idées; si là aussi le faux et le vrai avaient les mêmes couleurs, si l'on passait indifféremment de l'un à l'autre, de la gauche à la droite, de la droite à la gauche; si, au moyen d'une sorte d'idiome parlementaire, on pouvait flatter, caresser tout ensemble le mensonge et la vérité, le bien et le mal, le ciel et l'enfer, réduisant à la fois la croyance et la science à une pure fiction, que l'on admet aujourd'hui, que l'on rejette demain, et renversant ainsi le mot de Pascal : *Mensonge en deçà des Pyrénées, mensonge au delà, vérité nulle part!* Plutôt que d'assister à un pareil dénouement, nous aimons mieux encore voir se réveiller contre nous et nos amis la colère et l'anathème des tièdes.

A-t-on bien songé, cependant, à quoi l'on s'engage, quand on parle d'un enseignement strictement catholique? Celui-là mériterait ce nom qui déduirait de la seule tradition ecclésiastique le fondement de toutes les connaissances, et détournerait, de gré ou de force, le sens de tous les faits, pour les rapporter à un système conçu, adopté d'avance, les yeux fermés, sans discussion, sans examen, sans observations. Après cela, un seul moment de liberté, d'impartialité pour la raison humaine, et tout cet échafaudage d'orthodoxie disparaît sans retour ; il ne reste qu'une opinion monstrueuse qui, affectant tout ensemble l'autorité de l'église et celle de la science, compromet la première en parodiant la seconde. Imagine qui le voudra une géologie, une physique ou une chimie sur le fondement de la légende dorée.

Dans le fond, la vieille querelle du clergé et de l'Université n'est rien autre chose que celle qui partage l'esprit humain. Le clergé, dans cette lutte, représente la croyance; l'Université, la science; et il faut que chacune de ces voies soit suivie jusqu'au bout, sans entraves. C'est même en se développant librement, chacune dans son domaine, que ces deux puissances peuvent un jour se rapprocher et s'unir, tandis qu'en prétendant soumettre l'une à l'autre par la seule autorité du plus fort ou du plus grand nombre, on ne fait rien en réalité que détruire l'une ou l'autre. Que serait aujourd'hui la science, si, dans la physique, elle n'eût osé, par l'astronomie de Galilée, contredire l'astronomie de Josué, et dans la philosophie, par le doute méthodique de Descartes, suspendre l'autorité de l'Eglise ?

Cette liberté, qui d'abord a été le principe de la science, est devenue le principe de la société civile et politique, de telle sorte que l'Etat ne peut plus même professer officiellement dans ses chaires l'intolérance, ni le dogme : *hors de l'Église point de salut;* car ce serait professer le contraire de son dogme politique, suivant lequel catholiques, luthériens, calvinistes, sont également appelés et élus sans distinction de croyance. D'où il suit que l'enseignement qui mentirait à la loi serait celui qui, au nom d'une église quelconque, voudrait condamner, anathématiser, proscrire moralement toutes les autres; la doctrine schismatique serait aujourd'hui celle qui, au lieu de chercher dans chacune des croyances établies et reconnues la part de vérité et de grandeur qui y est renfermée, prétendrait les immoler à une seule. Voilà l'enseignement qui se mettrait véritablement en contradiction, non pas seulement avec l'esprit de ce siècle, mais avec la loi fondamentale de la France. En supposant qu'on lui abandonnât pour un moment le champ sans discussion, on voit assez que la lutte ne serait plus entre des opinions, mais entre la loi constitutive de ce pays, d'un côté, et les sectaires de l'autre. Malgré la clémence de l'opinion, nous conseillons à ces derniers de ne pas recommencer, en la harcelant, un jeu qui leur a déjà coûté cher. Ce ne serait pas toujours le combat de la mouche et du lion.

II

Voici les paroles auxquelles je fais allusion, page 271. Au moment où elles furent prononcées, il était aisé de voir ce qui se préparait.

DU SOMMEIL DE L'ESPRIT.
[21 décembre 1842.]

Bien que l'on m'assure que dans les choses humaines la leçon de la veille ne doit jamais servir au lendemain, je vous dirai, comme le résultat de l'enseignement qui ressort de ce spectacle du Midi : Préservez-vous, défendez-vous, gardez-vous du sommeil de l'esprit; il est trompeur; il pénètre par toutes les voies, cent fois plus difficile à rompre que le sommeil du corps. Ne croyez pas (car c'est là une des idées par lesquelles il commence à s'insinuer), ne croyez pas, avec votre siècle, que l'or peut tout, fait tout, est tout. Qui donc a possédé plus d'or que l'Espagne, et qui aujourd'hui a les mains plus vides que l'Espagne? Ne reniez pas, au nom de la tradition, la liberté de discussion, l'indépendance sainte de l'esprit humain. Qui donc les a reniées plus que l'Espagne, et qui est aujourd'hui plus durement châtié que l'Espagne dans la famille chrétienne? Vous qui entrez dans la vie, ne dites pas que vous êtes déjà lassés sans avoir couru, que vous respirez dans votre époque un air qui empêche les grandes pensées de naître, les courageux sacrifices de se consommer, les vocations désintéressées de se prononcer, les hardies entreprises de s'accomplir; qu'un souffle a passé sur votre tête, qu'il a glacé par hasard dans votre cœur le germe de l'avenir, que vous ne pouvez résister seuls à l'influence d'une société matérialiste, et qu'enfin ce n'est pas votre faute si, jeunes, vous souffrez déjà du désabusement et de l'expérience de l'âge mûr. Ne dites pas cela, car c'est le conseil le plus insidieux du sommeil de l'esprit. Par quel étrange miracle vous trouveriez-vous fatigués du travail d'autrui? Pendant que vos pères couraient sans relâche d'un bout à l'autre sur tous les champs de bataille de l'Europe, où étiez-vous? que faisiez-vous? Vous reposiez tranquillement dans le berceau; éveillez-vous maintenant aux combats de l'intelligence, pour ne plus vous endormir que dans la mort! Le monde est nouveau aux hommes nouveaux, et c'est un bonheur que beaucoup de gens vous envient d'appartenir à un pays qui, suivant les instincts que feront prévaloir les générations les plus jeunes, peut encore opter entre le commencement du déclin ou la continuation des jours de gloire.

TABLE

LEÇONS DE M. MICHELET.

INTRODUCTION. I. Le jésuitisme, l'esprit de la police mis dans la religion. 1
Le prêtre et le jésuite. 3
Qu'est-ce que les jésuites ? la contre-révolution. . . . 9
Comment ils ont gagné les mères, les filles; des jésuitesses. 11
Tentatives des jésuites pour gagner les écoles. . . . 15
II. Mon enseignement; son caractère spiritualiste. . . 17
Comment il a été troublé, et ce qu'il sera désormais. . 25

Ire Leçon. MACHINISME MODERNE. *Du machinisme moral* (27 avril 1843). 29

IIe. RÉACTIONS DU PASSÉ. *Des revenants.* Perinde ac cadaver (4 mai). 38

IIIe. ÉDUCATION, DIVINE, HUMAINE. *Éducation contre nature* (11 mai). 52
Troubles. — Lettre au principal rédacteur du Journal des Débats (15 mai). 61

IVe. LIBERTÉ, FÉCONDITÉ. *Stérilité des jésuites* (18 mai 1843). 65

V^e. LIBRE ASSOCIATION, FÉCONDITÉ, *Stérilité de l'Église asservie* (26 mai). 74

VIe. L'ESPRIT DE VIE, L'ESPRIT DE MORT. *Avions-nous le droit de signaler l'esprit de mort ?* (1er juin). . . . 85
Stratégie des jésuites, dans l'année 1843, en Suisse et en France. Leurs libelles. 1. *Monopole universitaire;* 2. *Simple coup-d'œil.* 99

LEÇONS DE M. QUINET.

Introduction. Situation générale. 107
    Conséquences de la suppression de la religion d'état.
    Quels sont les vrais hérétiques?
    L'État plus chrétien que l'ultramontanisme.
    De la politique catholique.
Ire. Leçon. De la liberté de discussion en matière religieuse (10 mai 1843). 120
IIe. Origine du jésuitisme. Ignace de Loyola (17 mai). 145
IIIe. Constitutions. Pharisaïsme chrétien (24 mai). . . . 172
IVe. Des missions. L'Évangile déguisé (31 mai). . . . 197
V^e. Théories politiques. Ultramontanisme (7 juin). . 221
VIe. Philosophie. Du jésuitisme dans l'ordre temporel.
    Conclusion (14 juin). 249
Appendice. Un mot sur la polémique religieuse (15 avril 1842). 277
    Du sommeil de l'esprit. Extrait d'un discours sur la
    renaissance (21 décembre 1842). 290

www.ingramcontent.com/pod-product-compliance
Lightning Source LLC
Chambersburg PA
CBHW071137160426
43196CB00011B/1929